Papier, Tusche und Pinsel

Autor:

Jörg Rohrbach ist Autor, Coach und Trainer, Vater von drei Kindern und lebt in Hannover. Zusammen mit seiner Frau Antje Rohrbach, Jürgen Eschenauer und Mike Borchert hat er die »Denkmanager« gegründet und bietet Coaching und Training für Führungskräfte und Teams an. Besondere Erfahrungen hat Jörg Rohrbach mit Timelinarbeit und dem Thema der »Kriegsenkel«. Auch die eigenen Kinder sind für ihn ein wunderbarer Quell der Inspiration für Romane und Geschichten.

Jörg Rohrbach

Papier, Tusche und Pinsel

Coaching-Novellen

creAstro Verlag

Besuchen Sie auch die Website
www.creastro.de

Bibliografische Information Der Deutschen Bibliothek

Die Deutsche Bibliothek verzeichnet diese Publikation in der Deutschen Nationalbibliografie; detaillierte bibliografische Daten sind im Internet über http://dnb.ddb.de abrufbar.

Jörg Rohrbach
Papier, Tusche und Pinsel
Wasserburg am Inn, CreAstro-Verlag Gerhard Höberth 2016
ISBN 978-3-939078-53-1

1. Auflage 2016
Printed in Germany

Für

meine Lieben

Inhaltsverzeichnis

Vorwort

Liebe Leserinnen und Leser,

Konflikte und unangenehme Erlebnisse tragen die Chance zum persönlichen Wachstum in sich. Wenn Ihnen dieser Sinnspruch gefällt, dann haben Sie eine erste NLP-Technik kennengelernt - das Kontextreframing. In diesem kleinen Buch lernen Sie den Einsatz vielfältiger Techniken beim Coaching oder in schwierigen Lebenssituationen kennen. Dieses Buch soll Sie unterhalten. Daraus folgt, dass die Coachings in diesem Buch nicht optimal verlaufen, weil es sich um Übungssituationen handelt wie in »Höflich, liebevoll und wertschätzend« oder der Coach persönlich berührt ist wie in »Scheidungscoaching«.

Die Kurzgeschichten entstanden aus meinen Erfahrungen als Coach und stellen eine Zusammenfassung einer Vielzahl von Coachings dar. Es sind fiktive Persönlichkeiten, über deren Weg Sie in diesem Buch lesen.

Die Lösung vieler persönlicher Probleme liegt im Unterbewusstsein. Der Weg dorthin ist die Trance, die uns in eine merkwürdige Welt voller Metaphern und Symbole wechseln lässt, der Welt zwischen Traum und Realität. Vielleicht haben Sie selbst schon einmal erlebt, dass Sie nach einem Traum wussten, wie Sie die Herausforderung des nächsten Tages bewältigen oder einen lange gärenden Konflikt endlich klären konnten.

Lassen Sie sich von den Abenteuern unserer Helden überraschen! Viel Spaß beim Lesen

Ihr Jörg Rohrbach

Hannover, Oktober 2014

Scheidungs-Coaching

Es hätte ein Gespräch von Frau zu Frau werden sollen. Eines jener Gespräche, bei denen ein Mann nur stört, weil es um einen anderen Mann geht. Gerade jetzt war Sabine mit den Kindern shoppen. Entweder sie hatte Sophie vergessen, oder Sophie war einfach so erschienen, wie es bei einer besten Freundin aus alten Schulzeiten möglich sein sollte.

Beide Hände hielten sich an der Teetasse fest, die ich ihr in die Hand gedrückt hatte. Mit beiden Ellenbogen stützte sie sich auf die gewachste Platte unseres alten Küchentisches. Ihr Kopf hing auf der gleichen Höhe wie die Teetasse, und ab und zu trank sie einen Schluck des Roibuschtees, ohne aufzuschauen. Die kleine goldenen Kette auf dem dünnen Pullover bewegte sich mit jedem Atemzug. Ihre schulterlangen Haare wogten in dunklen Wellen über ihren Rücken. Meine Hände wollten über ihre Arme streichen, den Pullover herunter reißen. Meine Zunge wollte sich zwischen ihre roten Lippen drängen und den Geschmack erforschen. So lange schon. Wie wäre es wohl, von ihr umarmt zu werden?

Sabine hatte mir erzählt, dass Sophie sich von Stephan getrennt hatte, und dass sie gerade aus dem gemeinsamen Haus auszog. Stephan war einer von diesen ›mein Haus, mein Auto, meine Jacht, meine Frau, meine ungeheuer erfolgreiche Arbeit‹-Typen. Mehrmals im Jahr trafen wir uns. Da die beiden Frauen sehr gut befreundet waren, waren sie sofort unzertrennlich und mit sich selbst beschäftigt. Für Sophie war ich der Mann, der Sabine geheiratet hatte. Ich wurde zu diesen Treffen mitgenommen und hörte mir Stephans Vorträge an. Er redete ohne Unterbrechung über die vielen erfolgreichen Projekte, sein tolles Standing bei seinem Chef und das wahnsinnig viele Geld, das er gerade verdiente und noch verdienen würde. Auch die Umdeutung, dass es zum Ausgleich irgendwo einen sehr liebevollen und aufmerksamen Menschen geben würde, half mir beim letzten Treffen nicht. Geholfen hatte eher der Spruch, »Wenn du soviel arbeitest, dann hast du ja gar keine Zeit zum Genießen der schönen Dinge«. Danach schmiedete er sofort Urlaubspläne – zum Beispiel drei Wochen Malediven oder arabische Emirate. Ich bestärkte ihn begeistert, denn dann würde ich mindestens drei Wochen nichts von ihm hören.

Sophie nahm einen weiteren Schluck des Tees, den ich ihr aufgedrängt hatte. Ich nahm meine Tasse, setzte die Ellenbogen auf die Tischplatte, ließ den Kopf leicht hängen und nahm damit fast genau ihre Körperhaltung ein. Ein Strudel von negativen Gefühlen zog durch meinen Körper. Ich sah einen wütenden Stephan. Vorsichtig veränderte ich die Körperhaltung, bis die Gefühle erträglich wurden und die Bilder fast verschwunden waren. Als sie gerade ausatmete, bemerkte ich einfühlsam im besten Freundinnenton, »Das ist eine schwere Zeit für dich.«

Sie nickte langsam, immer noch fest an die Roibuschtasse geklammert. Ich beschloss, sehr vorsichtig vorzugehen. Vielleicht ergab sich hier die Gelegenheit, Stephan einen Denkzettel zu verpassen und von ihr umarmt zu werden. »Es ist immer schwer, sein Leben zu verändern.« Wieder nickte sie langsam.

»Mit jedem Umzugskarton, den du einpackst, packst du auch ein Stück deiner persönlichen Geschichte ein.« Was erzählte ich da für einen Quatsch. Sie nickte, also hatte ich keinen Schaden angerichtet. Bei allen Sätzen hatte ich darauf geachtet, dass sie ausatmete, wenn ich redete. Jetzt war es an der Zeit, Informationen zu sammeln.

In sanftem Ton setzte ich die einseitige Unterhaltung fort. »Sabine hat mir erzählt, dass du aus dem Haus ausziehst.« Langsam nickte sie wieder. »Wie weit bist du denn?«

Die Antwort kam mit leiser Stimme, schwach, zögernd. »Fast fertig. Es sind nur noch wenige Umzugskartons da.«

»Wenn nur noch wenige Umzugskartons da sind, dann ist der Umzug ja fast abgeschlossen.« Sie nickte. »Und wo wohnst du mit Jenny zur Zeit?«

»Bei meinen Eltern in der Einliegerwohnung.« Sie seufzte leicht und strich sich mit der linken Hand eine Haarsträhne aus dem Gesicht. Ich folgte einen Moment später, indem ich mit der linken Hand kurz über meine Wange kratzte. »Ich habe Glück gehabt, dass der letzte Mieter vor zwei Monaten ausgezogen ist.« Sie lächelte sparsam, ein gequältes Lächeln, das sich nur auf ihr Gesicht beschränkte.

»Sabine erzählte mir, dass du wieder mit Arbeiten angefangen hast?«, lächelte ich etwas deutlicher mit und Sophie nickte langsam.

»Vor einem Vierteljahr. Ich habe einfach bei meiner alten Agentur angerufen und gefragt, ob sie mich halbtags anstellen wollen – und Tom hat einfach ja gesagt!« Ihr Körper richtete sich etwas auf, ihr Kopf und ihre Augen wanderten nach oben.

»Das ist ja wunderbar, da hast du richtig Glück gehabt, dass es so einfach ging!«

»Ich habe mich schon immer mit Tom gut verstanden. Er ist der beste Chef, den man sich vorstellen kann.« Der feuchte Glanz in ihren Augen, das tiefe Atmen und der versonnene Blick gaben mir einen leichten Stich. Wieso konnte sie nicht einfach über mich so begeistert sein? Mann musste Tom heißen und Chef einer Werbeagentur sein. Mittelgroße Bürohengste mit ordentlichem Bauch waren eher langweilig. Das hier war doch das Leben und keine täglich wiederkehrende Telenovela für bügelnde Hausfrauen. Ehe ich die Verbindung zu Sophie verlieren würde, steckte ich die dunkelroten Gefühle in den Raum mit den noch zu bearbeitenden besonderen Gegebenheiten. Ich konzentrierte mich wieder auf meine Rolle als beste Freundin.

»Und bist du denn gut wieder in deine Arbeit hinein gekommen?«

»Oh ja, stell dir mal vor, meine Kollegin Susi ist noch da! Mit der hatte ich vor zehn Jahren angefangen, und wir hatten uns damals so gut verstanden. Es war, als ob ich niemals weg gewesen wäre.« Plötzlich saß sie aufrecht, hatte die Tasse abgestellt und schaute mich strahlend an. »Sogar einige Kunden konnten sich noch an mich erinnern!«

»Wenn sich noch einige Kunden an dich erinnern können, du einen netten Chef und eine Kollegin hast, mit du dich gut verstehst, dann sieht das nach einem gelungenen Wiedereintritt ins Berufsleben aus!« Zu ihrem glücklichen Lächeln bewegten sich ihre Augen fast unter den Augenlidern hin und her, während ich ihr in die glückliche Körperhaltung folgte und meinen Neid auf Tom unterdrückte. Vielleicht war sie jetzt bereit, den Blick nach unten zu richten.

»Und was hat Stephan dazu gesagt?«, fragte ich sie mit leiserer Stimme. Schlagartig verlor ihr Körper an Spannung, der Blick ging nach unten und sie nahm wieder die Tasse auf, in die ich ihr noch etwas Tee nach schenkte.

»Zuerst war er einverstanden, nicht begeistert, aber einverstanden.« Sie nahm einen Schluck aus der Tasse und stellte sie wieder auf den Tisch. »Nach ungefähr zwei Wochen bekam er diesen unzufriedenen Gesichtsausdruck, den ich gar nicht mag.« Ein leichtes Zittern ging durch ihren Körper. »Dann fing er an, davon zu reden, dass ich den Job wieder aufgeben sollte.« Während sie leicht den Kopf schüttelte, verstärkte sich der Blick nach unten, der in ein bodenloses Loch zu führen schien.

»Und in der Zeit ging es mit deinen Kollegen gut?«, schob ich einen Spiegel über das bodenlose Loch, der ihren Blick nach oben umleitete.

»Ja,« antwortete sie leise, »ganz wunderbar. Dort habe ich mich sehr wohl gefühlt.«

»Und Stephan hatte gar kein Verständnis?«, fragte ihre beste Freundin.

»Er meckerte an allem rum.« Ein tiefer Seufzer entstand unter dem Pullover. »Er machte mir Vorwürfe, dass ich Jenny vernachlässigen würde, mich nicht mehr um ihn kümmern würde. Das Haus würde schrecklich aussehen.« Feuchtigkeit sammelte sich unter ihren Augenlidern. »Das ist alles nicht wahr! Ich habe doch nur halbtags gearbeitet und mich nachmittags wie immer um Jenny gekümmert. Und für das Haus haben wir eine Hilfe, und um den Garten kümmert sich Karl-Heinz!« Die Feuchtigkeit verstärkte sich, floss unter ihren langen Augenlidern zu Tränen zusammen, sammelte sich an der Nase und bahnte sich den schimmernden Weg über die Wange hinunter zum Kinn, wo sie von dem Taschentuch aufgefangen wurde, das ich ihr in die Hand gedrückt hatte. Gern hätte ich sie in die Arme genommen. Aber sie sollte mich umarmen.

»Es ist immer schlimmer geworden, bis ich es nicht mehr aushalten konnte. Er ist so gemein zu mir«, schluchzte sie. »Ich möchte einfach nur, dass es aufhört.«

Von allein wandert meine Hand über den Tisch und legt sich auf die ihre, die gerade nicht mit dem Taschentuch beschäftigt war. Ihre Haut war sehr glatt, weich und warm, mit einer Energie versehen, die ihren Weg durch meine Hand hindurch suchte, dem Arm folgte, mein Herz durchdrang und ein heißes Gefühl an einer Stelle auslöste, die Freundinnen gemeinhin nicht haben. Dieses Gefühl konnte ich nicht einsperren, also ließ ich es da und konzentrierte mich auf Sophie.

»Sophie«, jeder Mensch hört seinen Namen gern, »Sophie, du bist ein wunderbarer und wertvoller Mensch. Du hast deine Tochter und deine Eltern, die dich lieben und brauchen. Nette Kollegen, die dich schätzen.«

Als beste Freundin holte ich tief Luft. »Du machst gerade eine schwere Zeit durch«. Ich gab ihr ein frisches Taschentuch. Die Verbindung zwischen uns löste sich, die Wärme blieb. »Es gibt immer Hoffnung, und es gibt immer Hilfe!«

Durch ihren Tränenschleier, der langsam durch meine Worte gelöscht wurde, sah ich sie mit einem liebevollen Lächeln an. Mit einer unbeholfenen Bewegung goss ich ihr noch zusätzlichen Tee in ihre schon volle Tasse. Sie lief über und der Tee bildete eine Pfütze auf der Tischplatte.

»Oh je, bin ich heute ungeschickt«, ergänzte ich, während ihre in acht Jahren antrainierten hausfraulichen Reflexe funktionierten und sie automatisch aufstand. Sie holte die Küchenrolle, deren Platz sie aus den häufigen Treffen mit Sabine gut kannte. Ich war ebenfalls aufgestanden, hatte mich aber langsamer bewegt und damit eine erfolgreiche Männerstrategie zur Vermeidung von Hausarbeit benutzt. Schade nur, dass meine eigene Frau sie kannte.

»Wie geht es dir denn, wenn du mit ihm in eurem alten Haus bist?« Sie setzte sich wieder und trank einen Schluck von der vollen Tasse ab.

»Ziemlich schlecht. Stephan meckert immer, und am meisten trifft es mich, wenn er sagt, dass ich sein Leben zerstört habe.« Ihr Blick fiel in die Teetasse und nicht mehr ins Bodenlose. »Dann fühle ich mich richtig schuldig.«

»Und wie antwortest du ihm dann?«

»Ich sage ihm, dass das nicht stimmt, dass es immer weiter geht, und gebe dann nach, wenn er etwas aus dem Haus haben will.«

Das war der Moment, in dem ich ihr Einverständnis für das Training bekommen konnte. »Und wie wäre es, wenn du ihm etwas entgegen setzten könntest, damit du nicht mehr nachgeben musst?«

Ihr Blick wanderte von unten nach oben, ihr Gesichtsausdruck bekam einen Hauch von Entschlossenheit. »Das wäre gut.«

Ich nahm meine Teetasse und trank einen kräftigen Schluck. »Weißt du, eine Ehe ist ein System, eine Familie ist ein System, und alle Teilnehmer haben einen Vorteil davon, dass sie in dem System sind. Das kann bei allen Teilnehmern im System etwas ganz Unterschiedliches sein.«

Erfreut bemerkte ich, wie sie aus ihrer Tasse trank. »Solche Vorteile sind zum Beispiel Sicherheit, Zuneigung, Aufmerksamkeit und Missachtung, Sex, Macht und Machtlosigkeit, Verantwortung und die Möglichkeit, Verantwortung zu delegieren.«

Fast gemeinsam tranken wir den nächsten Schluck. »Wenn man in einer Clique mit Freunden ist, dann haben die Freunde den Vorteil, dass sie dich kennen, dich einschätzen können. Wissen, wie du dich in bestimmten Situationen verhältst, was du magst, und was nicht. Ob du freiwillig Möbel beim Umzug schleppst, ob du pünktlich zu Parties kommst, welche Musik du magst.« Mein Tee fing an, bitter zu schmecken. »Sobald jemand sich verändert, verändert sich auch das System. Deine Freunde finden Jobs, haben andere Freunde und Freundinnen, oder du veränderst dich, und dann rufst du sie seltener an, oder sie melden sich nicht mehr. Entweder du findest neue Freunde, oder du bist auf einmal unsichtbar.«

Die Kratzer auf der Tischplatte, an denen mein Blick plötzlich hing, ließen mich die Augen wieder auf Sophie richten, die mich sehr neugierig ansah. »Einmal im Leben unsichtbar zu sein ist wichtig.«

»In einer Beziehung ist es ähnlich.« Sophie hatte wunderbare, ausdrucksvolle Augen, deren dunkles Braun mit kleinen, goldenen Splittern versehen waren, die das Licht des Nachmittags auf mich zurückwarfen, um den Schatten meines Seins zu durchdringen. Ihre Augen folgten mir nun nicht mehr traurig, mit Tränen gesättigt, sondern wach, aufmerksam. Sie schien mich vollkommen neu zu sehen. Das Desinteresse der letzten Treffen war gewichen und hatte sich in Aufmerksamkeit verwandelt, mit dem ich mich sehr wohl fühlte.

»Ein Mann verdient gut, eine Frau möchte einen Beschützer haben, der für sie sorgt und ihr Sicherheit für sie und ihre Kinder gibt – oder sie hat gelernt, dass Männer in der Familie Frauen schlecht behandeln müssen, damit die Familie funktioniert, und es deshalb richtig ist, wenn der Vater Frau und Kinder schlägt.« Ich atmete tief durch.

»Wieso finden manche Frauen immer die falschen Männer? Welchen Nutzen haben die Frauen von den falschen Männern? Welche Erfahrungen, Glaubenssätze, Werte stehen hinter diesem Verhalten? Und was passiert, wenn sich eine Frau in einer Ehe verändert, und der Nutzen beim Mann durch die Beziehung nicht mehr da ist? Oder der Mann verändert sich - durch die Arbeit, durch Weiterbildung - während die Frau stehen bleibt, älter wird und auf einmal nicht mehr attraktiv ist.«

Ein weiterer Schluck Tee spülte meinen Mund. »Es gibt viele Gründe, Nutzen, damit Menschen zusammen kommen, und es gibt den Verlust des Nutzens, wenn sie sich wieder trennen.«

Unsere Blicke trafen sich über dem Tisch. »Vielleicht magst du dich an die Anfangszeit deiner Beziehung zu Stephan erinnern, an all das schöne, das positive, an deine Gefühle, die du hattest, und den Wert, den die Beziehung zu Stephan hatte.«

Mit einer leichten Drehung des Kopfes folgte sie meiner rechten Hand, die in ihre symbolische Vergangenheit zeigte. Ihr Kopf drehte sich leicht nach links, die schwarzen Locken wogten mit der Kopfbewegung, ihre Augen rutschten nach links oben und ein kleines Lächeln zauberte sich auf ihr Gesicht.

»Er war groß und stark, ein richtiger Mann, und er roch so gut. Er wusste auf alles eine Antwort, konnte alles erklären. Damals habe ich mich bei ihm einfach sicher gefühlt. Ich fühlte mich sicher und beschützt.« Sie schaute mich offen an. »Weißt du, manche Männer halten mich wahrscheinlich für Freiwild. In jeder Kneipe werde ich angesprochen, manchmal auf richtig dummdreiste Art und Weise, einfach widerlich.« Ihr Blick geht wieder in die Vergangenheit. »Mit Stephan war das anders. Wir hatten uns einmal im Linders getroffen, und ein betrunkener Idiot hatte mich mit dummen Sprüchen belästigt. Er hat ihn erst gewarnt und dann einfach aus dem Linders geworfen.« Leicht verträumt schaut sie in die Vergangenheit. »Und der Sex mit ihm war einfach fantastisch, so wild und doch so zärtlich.« In diesem Moment fragte ich mich, ob ich es mit der Rolle der besten Freundin nicht doch etwas übertrieben hatte.

»Vielleicht könntest du dir ja vorstellen, welche Nutzen oder Vorteile Stephan damals davon hatte, als ihr noch glücklich miteinander wart?« Sanft passte sich meine Stimme ihrer glücklichen Erinnerung an.

Mit einem kleinen Ruck zogen sich ihre Mundwinkel nach unten. »Als er mich von meiner Wohnung abholte, sagte er, dass ich unheimlich gut zu seinem Cabrio passen würde. Wunderschöne schwarze Haare zu dem roten Leder der Sitze.« Sie zog die Luft durch die Nase und stieß sie mit einem Schnauben wieder aus. »Ich hielt es damals für ein Kompliment. Heute weiß ich, dass er mich als zweibeiniges Cabrio gesehen hat.«

Sophie schüttelte so bestimmt den Kopf, dass die Mähne hin und her flog. »Seitdem wir zusammen sind, habe ich immer gemacht, was er wollte. Ich bin ihm immer gefolgt. Er wollte ein schönes Haus, ein Kind und eine Frau, die zu Hause sitzt, ihn abends mit einem Kuss begrüßt und ihn fragt, wie sein Tag war.«

Da für sie der Nutzen klar war, brauchte ich nicht weiter zu fragen. »Wolltest du nicht auch ein Haus und ein Kind?«, fragte ich sie etwas erstaunt.

»Doch, anfangs schon.« Sie lehnte sich zurück und schlug ihre langen Beine übereinander. »Ich liebe Jenny, und ich mag das Haus. Nach Jennys Geburt und dem Hausbau war ich sehr glücklich, und es reichte mir aus, nur Hausfrau zu sein. Als

Jenny in die Schule kam, wurde es mir zu langweilig. Ich brauche Menschen um mich, eine Aufgabe, Anerkennung.«

»Hast du von Stephan Anerkennung bekommen?«

»Nein. Er erzählte von seinen Erfolgen im Beruf, und ich habe ihm zuerst begeistert zu gehört. Er ist ja auch erfolgreich und verdient gut.« Ihr Kopf drehte sich zurück in die Vergangenheit. »Aber er hat mich nie gelobt. Wenn ich die Sitzbank an der Haustür schön dekoriert hatte, dann ist ihm das gar nicht aufgefallen. Wenn ich es ihm dann gesagt habe, hat er nur ›ja, schön‹ gesagt und mich dabei gar nicht angeschaut.« Ihre Vergangenheit wurde traurig.

»Und dann hast du irgendwann beschlossen, dir die Anerkennung im Beruf zu holen?«

Mit einem Nicken kehrte sie aus der Vergangenheit zurück. »Als mir die Decke auf den Kopf gefallen ist und ich es fast nicht mehr ausgehalten habe.« Ihr bezauberndes kleines Lächeln gefiel mir sehr gut. »Es war für mich fast ein Wunder, dass Tom mich gleich eingestellt hat. Ich war so glücklich und habe zu Hause viel von der Arbeit und Tom erzählt.«

»Wie hat Stephan darauf reagiert?«, fragte ich sie, obwohl ich mir die Antwort schon vorstellen konnte.

»Immer gereizter, bis er mich angebrüllt hat, ich soll entweder mit dem Job aufhören oder ausziehen!« Ihre Traurigkeit verwandelte sich in Zorn, und dieser Zorn gab ihr die Kraft, sich gerade hinzusetzen und mich mit blitzenden Augen anzusehen. »Und dann bist du ausgezogen«, wiederholte ich in ruhigem Ton. »Was meinst du, könntest du dir vorstellen, welchen Nutzen Stephan von der Ehe mit dir hatte?«

»Er möchte ein Haus haben, ein Kind und eine Frau, die Hausfrau ist, und nur Hausfrau ist. So wie seine Mutter.« Sie beantwortete die Frage in einem nachdenklichen Tonfall, den

Blick leicht nach unten gerichtet, als ob die Antwort eher aus einem schlechten Gefühl heraus kam.

»Und weil du dieser Vorstellung nicht mehr entsprochen hast, hat er dich gemobbt?«, fragte ich nach, obwohl die Aussage besser direkt von ihr kommen sollte.

»Und dann bin ich ausgezogen. Jetzt ist es ganz schrecklich. Wenn ich nicht angefangen hätte zu arbeiten, wären wir noch zusammen und Jenny wäre nicht zwischen Stephan und mir hin und her gerissen.« Mit beiden Händen nahm sie die Teetasse, ließ den Kopf hängen und schaute mit verschwommenen Blick in den Tee.

Wenn ich sich jetzt in diesem Gefühl gelassen hätte, wäre das ganze Gespräch umsonst gewesen. »Wie wäre es denn gewesen, wenn du aufgehört hättest zu arbeiten? Wärst du dann zufrieden gewesen?«

Ihr Kopf blieb unten, und die Worte fanden ihren Weg zwischen den Armen hindurch und über die Teetasse hinweg zu mir. »Nein, ich wäre unglücklich gewesen.«

»Hätte Stephan interessiert, wenn du unglücklich gewesen wärst?«

Sie schüttelte den Kopf. »Wenn ich schlecht ausgesehen hätte.«

»Würde jemand, der dich wirklich liebt, so handeln?« Über den Tisch gebeugt, nahe an sie herangerückt, stellte ich die Frage, deren Antwort klar war. Ein Moment des Schweigens hing im Raum, breitete sich aus, bis ich diese wichtige Frage wiederholte und von ihr ein leises Nein herüberklang.

»Wenn er dich nicht liebt, dann ist es in Ordnung, wenn du ihn verlassen hast.« Mit einem Satz zog ich ihr eine feste Rüstung für den nächsten Kampf mit Stephan über.

»Wenn du bei ihm geblieben wärst, dann hättest du dich selbst verleugnet und dich ihm vollkommen untergeordnet. Die Arbeit ist für dich wichtig, und du brauchst Menschen um dich herum. Ohne Arbeit wärst du unglücklich, und möglicherweise wärst du sogar irgendwann krank geworden, weil dir etwas Wichtiges gefehlt hätte. Auch deine Tochter hätte das gemerkt und wäre unglücklich mit einer Mutter, der es schlecht geht.«

Ganz dicht an ihr, halb über die Tischplatte gebeugt, zeigte ich ihr, wie sie einen mit einem ordentlichem rechten Haken Stephans Nase treffen konnte. »Und was wäre mit deiner Tochter? Kinder haben ein feines Gespür für solche Situationen. Sie hätte an deinem Vorbild gesehen, dass sich Frauen lieblosen Kerlen unterordnen und sich selbst verleugnen müssen. Als erwachsene Frau hätte sie sich dann einen Mann gesucht, der sie ebenso schlecht behandelt hätte wie Stephan dich, der sie für eine Extraausstattung für sein Cabrio hält.«

Wenn Stephan Nase jetzt nicht schmerzte, dann würde ein linker Haken helfen. »Und deine Tochter hätte dieses Verhalten an ihre Tochter weiter gegeben, und so fort, bis ganze Generationen von Frauen unglücklich den Tag verflucht hätten, an dem sie geheiratet haben, hoffnungslos und wertlos gefangen in einer trostlosen Ehe ohne Liebe.«

Vorgebeugt und still saß sie vor mir, die Hände fest um die Roibuschteetasse geklammert, verzichtete sie auf eine Antwort.

Wieder beugte ich mich weit zu ihr vor und sprach eindringlich, konzentriert mit ruhiger Stimme auf sie ein. »Du hast deiner Tochter gezeigt, dass eine Frau wertvoll ist, dass sie selbstbestimmt handeln kann und du wirst ihr auch zeigen, dass es Liebe gibt, für die es sich zu Leben lohnt. Dass es Männer gibt, die verstehen, dass Liebe bedeutetet, der Partnerin nah zu sein, sie zu verstehen und darauf zu achten, dass es dem anderen Menschen gut geht, so wie du es auch verstehst.«

Von der besten Freundin verwandelte ich mich in den Vater, beugte mich vor und nahm ihre beiden Hände, in der die Teetasse ruhte, fest in meine Hände. »Und wenn du Abstand zu dieser Situation gefunden hast, dann bin ich ganz sicher, dass du einen wunderbaren, liebevollen und verständnisvollen Mann finden wirst!« Ich lächelte sie an, alt und weise wie der Urvater Abraham, der für Scheidungen wohl eher kein Verständnis gehabt hätte.

Es war mir ein Rätsel, wie ihr Makeup halten konnte, denn trotz der vielen Tränen, die über ihre Wangen liefen, hatte sich nichts verschmiert. Ich holte ihr ein weiteres Taschentuch, mit dem sie sich die Wangen trocknete, um sich dann herzhaft die Nase zu putzen.

Grundsätzliche Techniken waren da, jetzt wollte ich an der Abwehr arbeiten und ihre Kondition weiter aufbauen. »Schau mal«, nachdem sie das Taschentuch in den Mülleimer geworfen hatte, zeigte ich auf die Deckenlampe, »diese Lampe haben wir bei Ikea gekauft.« Ein kurzer und verständnisloser Blick traf mich.

Mit der linken Hand zeigte ich auf die Küchentür. »Wie wäre es denn, wenn Stephan dort drüben stehen würde?« Sophie zuckte leicht zusammen, sah kurz zur Küchentür und schaute sofort wieder weg. »Ganz schrecklich!«, antwortete sie. Sofort wischte ich mit der linken Hand die Vorstellung wieder weg. »Wo ist er denn heute Nachmittag?«

Sie atmete auf. »Er ist mit Jenny im Zoo. Er hatte darauf bestanden, heute etwas mit ihr zu unternehmen. Seit wir ausgezogen sind, hat er viel mehr Interesse an ihr als früher.« Diesen Satz merkte ich mir für später.

»Gut. Wie wäre es, wenn du Stephan entgegentreten könntest, und du würdest dich stark und selbstsicher fühlen?«

»Das wäre sehr, sehr gut!«, sagte sie nachdrücklich.

»Gut, dann werde ich dir einige Möglichkeiten zeigen.« Im Aufstehen streckte ich ihr die rechte Hand mit der offenen Handfläche hin. »Lass uns in den Flur gehen.« Etwas verständnislos folgte sie mir aus unserer großen Küche in den Flur, der wie ein langer Schlauch die Räume der Altbauwohnung durchzog. Seine hohe Decke verzierte eine Stuckleiste, und wir waren immer noch auf der Suche nach klassischen Lampen, die wir anstelle der Halogenseilzüge stilvoll einbauen konnten. Die Ausgangstür war rund zehn Meter entfernt, der dicke Riegel davor versprach eine Sicherheit, die in diesem gepflegten Altbauhaus im Jugendstil, das außer uns von lauter Oberstudienräten bewohnt wurde, überflüssig schien.

Mit dem Blick auf die Ausgangstür stellte sich Sophie neben mich, und ich veränderte leicht die Haltung meiner Arme, bis wir uns angeglichen hatten.

»Nähe und Distanz, Distanz in der Nähe, das ist eine Kunst. Wenn dir jemand nah ist, den du nicht magst, dann ist es gut, wenn du dich abgrenzen kannst, ohne dass du eine Entfernung dazwischen legen musst.« Sie folgte meinen Worten aufmerksam, und auch der Bewegung, als ich kurz über meine Wange strich. »Bei schlechten Gefühlen kannst du dir vorstellen, dass eine Kopie von dir in einem Theater auftritt, dessen Bühne so weit weg ist, dass die schlechten Gefühle direkt bei dir nicht mehr vorhanden sind. Das hilft, um die Gefühle oder einen Konflikt zu verstehen.« Ein leichtes Nicken zeigte mir, dass sie bei mir war. »Wenn du ein Gespräch mit Stephan führst, dann ist dir Stephan nahe, und damit auch der Verursacher der schlechten Gefühle. Wahrscheinlich hast du dann den Drang, den Raum zu verlassen - das ist aber nicht möglich, wenn Dinge geklärt werden müssen.«

Sie nahm den linken Arm vor den Bauch und hielt die rechte Hand vor die Kehle. »Es ist so, als ob er mir die Luft zum Atmen nehmen würde.«

Verständnisvoll nickte ich. »Deine Vorstellungskraft kann dir dabei helfen.« Mit der rechten Hand zog ich einen Kreis durch die Luft, spreizte dabei die Finger. »Hier ist jetzt eine Panzerglaswand, die achtzig Zentimeter dick ist und schweres Maschinengewehrfeuer ebenso abhält wie direkten Beschuss mit einer Panzerfaust.« Mit einem Grinsen drückte ich mit der anderen Hand gegen die Glaswand. »Wenn Stephan jetzt dahinter stehen würde, dann könnte er schreien, toben, würde sich wehtun, wenn er dagegen schlagen oder treten könnte. Wie wäre das für dich?«

»Ziemlich gut. Was hast du denn noch?«, fragte Sophie neugierig.

»Bei startrek gibt es Raumschiffe, die einen Energieschirm erzeugen, von denen Energiestrahlen und Torpedos abprallen und mit dem man durch die Gasnebel der negativen Gefühle fliegen kann, ohne davon berührt zu werden.« Fragend sah ich sie an.

»Ich mag keine Science-Fiction. Was hast Du noch?«

Das musste sie noch lernen. Science-Fiction ist der Motor des Fortschritts.

»Möglich wäre auch ein Hochsicherheitslabor, so ein großer Glaskasten mit Löchern, in denen schwere Gummihandschuhe hineinragen. Wenn du magst, könntest du dir vorstellen, dass Stephan da drin wie eine weiße Maus auf dem Seziertisch liegt und du gerade das Skalpell ansetzt, um den letzten ungeheuer wichtigen Versuch zu starten, mit dem du garantiert den Nobelpreis gewinnen wirst!«

Entsetzt schaute sie mich an, und ich befürchtete schon, dass ich irgendeinen Wert verletzt hatte.

»Ich bin gegen alle Tierversuche, so etwas ist absolut pervers, und egal, was Stephan mir angetan hat, so etwas würde ich niemals tun!« Mit gekreuzten Armen, sehr gerade und bestimmt, stand sie vor mir.

»Sophie, es geht nur um deine Vorstellung, du sollst es nicht in der Realität tun! Es gibt einen großen Unterschied zwischen der Realität und der Fantasie.«

Sie hielt die Arme weiterhin verschlossen, und ich kreuzte meine Arme ebenfalls vor der Brust.

»Das sind Vorschläge, die dir helfen können, dich von Stephan zu distanzieren. Wenn dir ein Vorschlag nicht gefällt, dann brauchst du ihn auch nicht zu nehmen. Es tut mir leid, wenn ich dich mit dem letzten Vorschlag verletzt habe. Das wollte ich nicht.« Mit leicht schief gelegtem Kopf öffne ich die Arme und halte sie mit offenen Handflächen zu ihr hin, während ich mich weiter zu ihr drehte.

»Möglicherweise hast du ja eine eigene Idee, die viel besser ist und deiner Persönlichkeit eher entspricht?« Als sie ausatmete, fügte ich hinzu, »etwas das dir Sicherheit gibt, dich schützt, möglicherweise auch Spaß macht?« Vorsichtig bewegte ich mich zurück in die nachdenkliche Körperhaltung, die sie vorher hatte, und atmete innerlich auf, als sie mir innerhalb von einer Minute folgte. Ihre Augen flitzten hin und her, und plötzlich fing sie an zu sprechen.

»Mein Opa hatte ein Aquarium, in dem viele kleine rote Fische mit dicken Bäuchen waren, und ein großer schwarzer Fisch. Die kleinen roten Fische heißen Guppies. Dieser große schwarze Fisch - den Namen habe ich vergessen - hatte im Laufe der Zeit alle kleinen Fische gefressen und war irgendwann ganz allein im Aquarium.« Sie grinste plötzlich. »Mein Großvater war im Krankenhaus, als das passierte. Ich ging in sein Haus, um die Fische zu füttern, und da war nur noch der große schwarze Fisch.« Mit einem tiefen Atemzug fuhr sie fort. »Er schwamm hinter der Glasscheibe und schaute mich böse an, und ich wusste genau, dass er mich auch gern gefressen hätte, wenn ich nicht so groß gewesen wäre.« Ihr Grinsen wurde breiter. »Aber er konnte nicht raus, und ich habe ihm nichts zu fressen gegeben, weil er so gemein war.« Ihr Grinsen schien fast zu einem Lachen anzuwachsen. »Der Fisch sah Stephan ziemlich ähnlich! Vor allem die Augen!« Mir war zwar nicht so ganz klar, wo der Unterschied zwischen meinem Hochsicherheitslabor mit Stephan als Maus und dem Killerfisch im Aquarium war, doch ich akzeptierte ihre Wahl. Es war ihre Lösung, und für sie musste es funktionieren. »Gut, dann stell dir doch bitte einfach einmal das Aquarium vor, so wie es damals bei deinem Opa war.« Ich ließ ihr einen Moment Zeit, während sie den Flur hinab schaute.

»Hast du es?«

Sophie nickte und grinste. »Sogar die Wasserpflanzen sind da.«

»Und vielleicht magst du dir vorstellen, dass durch die Tür der Stephanfisch herein schwimmt und auf der anderen Seite der Glasscheibe im Wasser schwebt, während du hier auf der anderen Seite vollkommen und absolut sicher stehen kannst.«

Für einen Moment schien sie unsicher, nicht überzeugt, dann fing sie leicht an zu schwanken, und ein lautes Lachen löste sich aus ihr, tief aus ihrem Innern und füllte den Raum aus, bis sie nicht mehr konnte. »Das ist echt klasse, das ist super. Er sieht so blöd aus!«

»Deine eigene Lösung ist immer die Beste!«, sagte ich grinsend und zuckte mit den Schultern. »Kannst du ihn raus schwimmen lassen und das Aquarium auflösen?«

Etwas ernster bewegte sie ihre Hand leicht nach oben. »Schon weg.«

»Du bist wunderbar!«, meinte ich mit großer Überzeugung in der Stimme, was sie mit einem kleinen Lächeln quittierte.

»Der Tee ist jetzt kalt«, stellte ich fest, als wir wieder am Küchentisch waren, räumte Tassen und Kanne ab und holte eine Mineralwasserflasche und zwei Gläser.

»Wie ist es denn, wenn er zu dir sagt, dass du sein Leben zerstört hast?«, fragte ich ganz beiläufig. Es gab keinen Becher mehr, an dem sie sich festhalten konnte, und den Tee hatte ich durch ein Glas mit Mineralwasser ersetzt.

»Na ja, ich sage dann, dass das nicht wahr ist und dass es immer weiter geht. Und dann fühle ich mich richtig schlecht und schuldig und gebe nach, wenn er etwas von mir will.«

Bedächtig nickte ich. »Wie sinnvoll ist es denn, dass du dich schuldig fühlst, nachdem du vorhin festgestellt hast, dass er dich nicht geliebt hat?«

Wieder senkte sie den Kopf, dann nahm sie ihn plötzlich hoch. »Gar nicht.«

»Der Nutzen aus Stephan Verhalten ist klar: Er sagt, dass du sein Leben zerstört hast, und du reagierst so, dass du dich schuldig fühlst und nachgibst, wenn er etwas von dir will. Damit hat er eine Vorgehensweise, die er oft wiederholen kann, und mit der er Macht über dich ausüben kann.« Ich nahm einen Schluck Mineralwasser. »Jetzt gilt es, diese Struktur zu zerstören und dem Stephanfisch die Macht zu nehmen.«

Ihr Grinsen entwickelte sich sparsam, wird aber kontinuierlich stärker, bis es breit in ihrem hübschen Gesicht steht. Nachdem die Abwehr stand, kamen wir nun zu den Angriffen, die ihm die Nase brechen würden.

»Menschliches Verhalten folgt Strukturen. Wenn jemand zum Beispiel heraus gefunden hat, wie er über andere Macht ausüben kann, dann wird er dieses Verhalten immer wieder anwenden. Er wird davon erst lassen, wenn er den gewünschten Erfolg nicht mehr erzielen kann. Wenn du eine Veränderung in dem System zwischen euch beiden willst, dann musst du dich verändern. Du hast gelernt, du hast dich verändert. Wenn du dich veränderst, wird er sich verändern. Durch deine Verhaltensänderung gibst du ihm erst die Chance, dass er sich verändert, dazu zu lernen, zu lernen, dass auch ein Mann Frauen und andere Menschen respektieren kann, dass Aufmerksamkeit Liebe ist.«

Aufgerichtet schaute sie mich mit großen Augen an und folgte aufmerksam meinen Worten.

»Jetzt geht es darum, sein Verhaltensmuster zu durchbrechen, und dazu brauchst du ein paar Trümpfe, die du dir vorher in die Ärmel schiebst.« Ich grinste sie an.

»Für diese Verhaltensmuster gibt es Musterunterbrecher, so genannte sleigth of mouth, von Taschenspielertricks abgeleitet.« Mit einigen Schritten hole ich meinen Ordner aus dem Schrank. »Ich habe hier eine Sammlung, und wir testen jetzt einfach, welche davon auf deine persönliche Situation passen. Bist du einverstanden?«

»Ja, klar.« Erwartungsvoll schaute sie mich an, und ich legte die Blätter auf den Tisch. Dann schob ich ihr einen Stift und ein Blatt Papier hinüber.

»Es gibt zwei Arten von Taschenspielertricks. Einmal wird ein Zusammenhang zwischen Ursache und Wirkung hergestellt. Im anderen Fall wird bei einem bestimmten Verhalten eine Bedeutung unterstellt.« Da hatte ich mich wohl etwas theoretisch ausgedrückt.

»Was hat er noch gesagt? Du hast mein Leben zerstört!« Mit dem Finger strich ich über das Blatt und suchte nach dem ersten Eintrag.

»Das erste sleight of mouth ist das Finden der positiven Absicht hinter dem Glaubenssatz.« Ich strich mir über das Kinn. »Ich habe Dein Leben zerstört - was meinst du eigentlich damit?« Zweifelnd sah mich Sophie an. »Das kann nicht funktionieren, dann kommt eine endlose Kette von Vorwürfen und Begründungen, wieso ich sein Leben zerstört habe. Was ist denn der nächste der Taschenspielertricks?«

»Das nächste wäre um definieren. Ich habe dein Leben nicht zerstört - ich habe dein Leben von Zwängen befreit.« Sophies Miene hellte sich etwas auf.

»Das könnte gehen.« Nach einem Moment des Überlegens wiederholte sie die Worte. »Du hast mein Leben zerstört - ich habe dein Leben von Zwängen befreit. Du denkst, ich habe dein Leben zerstört - in Wirklichkeit habe ich dein Leben von Zwängen befreit.« Sie grinste und nickte. »Das fühlt sich sehr gut an. Was hast du denn noch?«

»Hm. Fordere den Glaubenssatz heraus, in dem du die positive oder negative Konsequenz der Aussage formulierst.« Mit dem Daumen strich ich mir über das Kinn. »Ich habe dein Leben zerstört - das heißt ja, dass du vollkommen von mir abhängig warst - wie schön!«

Ein strahlendes Lächeln zauberte sich auf ihr Gesicht. »Das gefällt mir!«

»Dann schreib es dir doch einfach auf«, zeige ich auf das vor ihr liegende Blatt Papier, und sie notierte sich den Satz. »Der nächste wäre Spezifizierung, also ein genaues Hinterfragen des Glaubenssatzes. Wie genau habe ich dein Leben zerstört? Vielleicht kann ich ja ein Buch darüber schreiben, wie man erfolgreich das Leben seines Ehemannes zerstört. Das würden bestimmt viele Frauen lesen wollen.«

»Das ist aber ganz schön böse, oder? Das möchte ich eigentlich nicht«, sagte sie bestimmt.

»Dann probieren wir den nächsten Spruch. Man kann so eine Aussage auch verallgemeinern.« Bedächtig nicke ich ihr zu. »Du meinst, alle Ehefrauen, die sich trennen, zerstören die Leben ihrer Männer?«

»So richtig gut finde ich das nicht, aber es könnte gehen«, meinte sie etwas kritisch.

Ich beschloss, auf die Erläuterung des nächsten Taschenspielertricks zu verzichten. »Dass ich dein Leben zerstört habe, stimmt einfach nicht.« Gleichzeitig machte ich eine wegwerfende Handbewegung. »Wenn du eine abwertende Handbewegung dazu machst, unterstützt du die Aussage sehr stark.«

»Das finde ich gut«, sagte Sophie, lächelte und schrieb sich den Spruch auf ihr Blatt.

»Dann wäre da noch die Ausrichtung auf ein lohnenderes Ziel. Anstatt über dein zerstörtes Leben zu lamentieren, solltest du dir vielleicht überlegen, wie du dir ein neues Leben aufbauen kannst.«

»Sehr gut, das ist auf die Zukunft gerichtet, das gefällt mir.« Sofort notierte sie sich die Aussage auf ihrem Blatt. »Was gibt es noch?«

»Wie wäre es mit: Dein momentaner Gefühlszustand ist verständlich, aber sollte es nicht wichtiger sein, dass wir uns auf unsere Verantwortung für Jenny konzentrieren?«

»Wunderbar, das gefällt mir sehr gut.« Sie notierte sich den Satz sofort.

»Es ist sehr sinnvoll, wenn du die Sprüche auswendig lernst und sie so gut kannst, dass du sie auch unter großem Stress oder nachts um zwei aufsagen kannst, ohne nach zu denken.« Ich schaute ihr in die großen braunen Augen. »Wenn er dich mit Forderungen oder Sprüchen bombardiert, kannst du auch einfach die Sprüche der Reihe nach wiederholen, ohne dass es zu seinen Worten passt.« Mit einem leichten Grinsen wählte ich die nächsten Worte. »Das sollte ihn verwirren.« Mit einem Ruck stand ich auf. »Dann lass uns die Sprüche im Flur testen.«

Ob sie das nötige Stehvermögen haben würde, das würde sich bei dem Test im Flur heraus stellen. Ihre Körperhaltung hatte sich verändert, sie ging gerade und zügig, die Langsamkeit in ihren Bewegungen war verschwunden. Sophie war bereit, dem Gegner gegenüber zu treten.

Wieder stand sie rechts neben mir, und ich zeigte mit der linken Hand den Flur hinunter. »Stell dir bitte einfach das Aquarium vor, so wie vorhin.« Ihr Blick wurde starr. Nach einem Moment nickte sie. »Ich habe es.«

»Ist Stephan schon drin?«

»Noch nicht.«

»Dann lass ihn bitte durch die Tür hereinkommen.« Neugierig schaute ich zu ihr hinüber. Ihre Augen waren auf die Tür gerichtet, weit geöffnet. Die Schultern hatte sie leicht hochgezogen, und sie nagte an der Unterlippe.

»Ist es der normale Stephan oder der Stephanfisch?«

»Es ist der normale Stephan.« Ihre Stimme war ziemlich leise.

»Wie wäre es, wenn du ihn auf deine Art und Weise in den Stephanfisch verwandeln könntest?«

»Ich versuche es«, antwortete sie leicht gepresst. Ihre Augen wanderten aus der starren Haltung ab und zu nach oben. Auf einmal entspannten sich ihre Gesichtszüge. »Jetzt ist er der Stephanfisch.«

»Wenn der Stephanfisch nun zu dir sagt: Du hast mein Leben zerstört!« Ich zeigte mit der linken Hand dorthin, wo ich den Stephanfisch vermutete. Sie nahm ihren Zettel und las den ersten Satz vor. »Ich habe dein Leben nicht zerstört - ich habe dein Leben von Zwängen befreit.«

Einen Moment warte ich. »Wie geht es dir jetzt damit?«

Ihre Gesichtszüge veränderten sich leicht. »Es ist besser.«

»Dann probier doch gleich einmal den nächsten Spruch.«

»Ich habe dein Leben zerstört - das heißt ja, dass du vollkommen von mir abhängig warst - wie schön!« Ihre Schultern entspannten sich, und ein Lächeln umspielte ihre Lippen. »Da guckt er ziemlich blöd!«

»Dann nimm doch gleich noch den Nächsten.«

Sie schaute auf das Blatt »Anstatt über dein zerstörtes Leben zu lamentieren, solltest du dir vielleicht überlegen, wie du dir ein neues Leben aufbauen kannst.« Ihr Gesichtsausdruck entspannte sich weiter.

»Und der Nächste?«, fragte ich.

»Dein momentaner Gefühlszustand ist verständlich, aber sollte es nicht wichtiger sein, dass wir uns auf unsere Verantwortung für Jenny konzentrieren?«

»Wie fühlt sich das an?« Gerade aufgerichtet sieht sie mich fast entspannt an. Alle Frauen sollten eine klassische Tanzausbildung machen, es sieht einfach gut aus.

»Das ist gut.«

»Je mehr du sie übst, desto sicherer wirst du, und umso sicherer wirst du Stephan gegenüber treten können!«, behauptete ich im Brustton der Überzeugung.

»Lass doch bitte den Stephan und das Aquarium auf deine Art und Weise verschwinden«, sagte ich lächelnd und wischte den Stephanfisch und das Aquarium einfach weg. An ihrem leichten Kopfschütteln und der kraus gezogenen Stirn erkannte ich, dass es gelungen war. Die Nase sollte die Richtung ändern.

Mit einem Schritt stellte ich mich vor sie, nahm ihre Hände und schaute ihre tief in ihre braunen, schönen Augen.

»Du bist ein wertvoller, starker und wunderbarer Mensch. Du weißt jetzt, wieso Stephan sich so verhält und wie du ihm erfolgreich entgegentreten kannst. Du wirst dich gegen ihn behaupten, und du wirst dich gegen ihn durch setzen.« Ich senkte den Kopf und lächelte wie ein Vater, obwohl ich lieber wie ein Liebhaber lächeln würde. »Es gibt immer Hilfe, und es gibt immer Hoffnung.«

Wieder wurden ihre Augen feucht, aber es waren Tränen der Erleichterung, und im nächsten Moment umarmte sie mich fest und drückte sich an mich, legte ihren Kopf an meine Brust und ich erwiderte ihre Umarmung, spürte die Festigkeit ihres Körpers, die wollene Hülle des Twinsets und der Duft ihrer Haare umhüllten mich wie eine prickelnde Wolke, die ein leichtes Zittern in meinen Armen hervorrief und die Wärme in mir in Hitze verwandelte. Nach einem endlos dauernden Moment ließ sie mich los, und ich trat einen Schritt zurück, musterte sie von oben bis unten.

»Wie geht es dir jetzt, im Vergleich zum Beginn unseres Gespräches?« Gerade stand sie vor mir, mit durch gedrückten Rücken und erhobenen Kopf.

»Viel besser, vielen Dank. Das war wunderbar. Du bist wunderbar!« Das waren genau die Worte, für die ich meilenweit gehen würde. Ich war mir nun sicher, dass Stephans Nase die Richtung wechseln würde.

Es war der Schlüssel, der sich im Schloss drehte und diesen kostbaren Moment unterbrach. Mit einem fröhlichen »Papa« stürmten meine beiden Töchter durch die Tür, begrüßten erst mich und dann Sophie herzlich. Sabine zog den Schlüssel aus der Tür und herzte Sophie. »Wie schön, dass du da bist, ich hatte gar nicht mit dir gerechnet.«

Sophie hielt Sabine im Arm. »Eigentlich wollte ich mit dir sprechen, und dann hat Georg mir wunderbar geholfen!« Sie nahm Sabine fest in die Arme. »Du hast einen wunderbaren Mann, weißt du das?« Über Sophies Schulter warf Sabine mir ein wohlwollendes Lächeln zu. »Das finde ich auch.«

Mit einem Blick auf ihre Uhr trennte sich Sophie. »Mein Gott, schon so spät, gleich bringt Stephan die Jenny nach Hause, ich muss los.« Mit einem Schwung drückte sie uns nacheinander, nahm ihren Mantel und verschwand durch die Tür.

Sabine stellte sich neben mich und sah mich prüfend an. »Armer Stephan.«

Das Bewerbungsgespräch

Die erste Sachbearbeiterin in der Arbeitsagentur war ein mütterlicher Typ und ging nach unserem Gespräch in Rente. Die zweite Sachbearbeiterin war schwanger und ging nach dem Gespräch in den Mutterschutz. Die dritte konnte gut zuhören und wurde in eine andere Abteilung versetzt. Die Frau vor mir war die vierte Sachbearbeiterin, der ich meine Pläne über meine Existenzgründung vorgetragen hatte. Sie gehörte zu der Abteilung ›Arbeitsvermittlung für über 25-jährige‹ und hatte ungeduldig und gelangweilt meinem Vortrag zugehört, den ich auch schon zweimal in der Abteilung für Existenzgründung gehalten hatte.

»Vielleicht können sie ja erst ihre Zuständigkeiten klären, bevor sie die Leute hin und her schicken«, bemerkte ich in einem ruhigen Ton. Wie gestochen richtete sich die Frau auf, ihre Augen blitzten mich an.

»Ich kenne meine Kompetenzen. Wenn meine Kollegen ihre Kompetenzen nicht kennen, dann ist das nicht mein Problem.« Sie hob die Tastatur an und hämmerte sie mit einigem Schwung auf die Platte des alten Schreibtisches. »Wenn sie sich jetzt noch nicht als Elterncoach selbständig machen wollen, dann müssen sie jetzt in der Jobvermittlung bleiben und sich auch bewerben.« Ihre Augen funkelten zornig.

»Selbstverständlich bewerbe ich mich gern«, sagte ich lächelnd. »Damit habe ich gar kein Problem.«

»Dann ist es ja gut. Ich erwarte die Liste Ihrer Bewerbungen bis Ende nächster Woche. Guten Tag.« Die Sachbearbeiterin konzentrierte sich ganz auf ihren Bildschirm. Mir war klar, dass ich entlassen war.

»Auf Wiedersehen!« Laut und deutlich verabschiedete ich mich von ihr, fest überzeugt davon, dass mir bei dem nächsten Gespräch sowieso jemand anders gegenüber sitzen würde.

Beschwingt ging ich über den roten Klinkerfußboden hinaus auf die Straße, als das Mobiltelefon klingelte und mein Mann dran war. »Da hat so ein Consultingunternehmen schon zweimal angerufen, die wollen dringend deine Unterlagen haben.«

Consulting klang ganz interessant. Kaum zu Hause, rief ich dort an. Eine recht junge Stimme meldete sich mit »Consulting für Ärzte, mein Name ist Dorothea Steinbauer, was kann ich für Sie tun?«

Ich erklärte, dass ich mich auf Ihren Anruf meldete.

»Wir warten doch schon auf ihre Unterlagen, wo sind denn Ihre Unterlagen, die haben wir doch bei der Arbeitsagentur angefordert?« Man konnte meinen, dass sie die Personal-Chefin eines großen Unternehmens wäre und meine Bewerbung das Wichtigste auf diesem Planeten. Allerdings hat eine Personal-

Chefin eine Sekretärin. Die Anforderung einer Bewerbung war erst am nächsten Tag in meinem Briefkasten, die ich selbstverständlich sofort auf den Weg brachte. Die beiden Stellenbeschreibungen in der Anforderung beinhalteten eine Außendienststelle für die Beratung in der Lebensversicherung. Arbeiten sollte ich vor allem nachmittags und abends - und das war schon aufgrund meiner drei Kinder nicht möglich. Die andere Stelle erforderte Kenntnisse in der Sachbearbeitung von Kraftfahrtversicherungen. Und davon hatte ich gar keine Ahnung.

Einen Tag später rief ich Frau Steinbauer erneut an, um einen persönlichen Gesprächstermin am gleichen Tag zu vereinbaren.

»Da muss ich erst mit dem Chef sprechen«, rief sie atemlos ins Telefon.

Am übernächsten Morgen fuhr ich um kurz vor zehn mit dem Auto auf einer langen Straße durch ein Wohngebiet. Im Internet hatte ich recherchiert, dass es sich um eine Versicherungsagentur handelte.

»Von wegen Consulting«, dachte ich. Das Schild der Versicherung war an einem etwas älteren Mehrfamilienhaus angebracht, das aus der Zeit stammte, als Plattenbau noch modern war. Die Hauseingangstür war offen. Pünktlich um zehn Uhr drückte ich auf die Klingel der Haustür.

Drinnen brach Panik aus, etwas polterte, ein Fenster wurde geschlossen und es dauerte gefühlte fünf Minuten, bis eine junge Frau die Tür öffnete. Aufgeregt wirbelte sie um mich herum. »Guten Tag« und »bitte kommen Sie herein« und »ach ja, sie müssen ja noch ablegen«.

Das Büro war eine normale Wohnung, die lieblos eingerichtet wirkte. Gleich links schien das Büro der jungen Frau zu sein, hinten links das Büro des Chefs. In dem breiten Flur stand ein großer Kopierer, hinter dem in der Ecke ein Kleiderständer stand, der mit mehreren Jacken behängt war. Frau Steinbauer versuchte, den Kleiderständer aus der Ecke zu ziehen und warf ihn dabei fast um, so dass die Jacken gefährlich in der Luft pendelten.

»Lassen Sie ihn ruhig stehen, ich kann meine Jacke auch einfach darüber legen.« Sie schien durch meine Worte abgelenkt, entschloss sich dann aber doch, den Kleiderständer aus der Ecke zu ziehen und ihn folgerichtig umzuwerfen. Mit ernstem Gesicht half ich ihr, den Ständer wieder aufzustellen, und legte schließlich meine Jacke oben auf.

Endlich waren wir so weit, dass wir ins Chefzimmer gehen konnten. »Wollen Sie etwas trinken? Der Chef trinkt immer Tee.«

Ich lehnte ganz bewusst dankend ab. Sie führte mich in das Zimmer des Chefs, der rechts an einem schwarzen Schreibtisch saß. Auf der linken Seite des Zimmers stand ein runder Glastisch mit vier Freischwingern, die von schwarzer Lederlehne und Ledersitz zusammen gehalten wurden.

»Das ist Frau Lüdemann«, sagte die junge Angestellte und blieb verloren im Raum stehen. Der Chef blieb am Schreibtisch sitzen und blickte auf eine Akte, als ob deren Studium keinerlei Störung duldete. Wie ein tibetanischer Heiliger war er in der Akte wie in einer Meditation tief versunken.

»Guten Tag«, meldete ich mich laut und deutlich. Die Verwirrung war Frau Steinbauer anzusehen.

»Vielleicht nehmen Sie schon einmal Platz«. Sie deutete auf den Glastisch, nachdem der Chef überhaupt nicht zu reagieren schien. Auf einem Platz lagen ein Block und ein Bleistift, und genau auf diesen Platz setzte ich mich und schaute mir den ›Chef‹ einmal näher an. Er war um die dreißig und hatte weiche Züge und Übergewicht. Du hast mich zum Tanz aufgefordert, und jetzt werden wir tanzen, grinste ich innerlich.

Er war sichtlich irritiert, als er endlich aufstand und mich auf seinem Platz sitzen sah. »Ach, sie sind ja schon da«, sagte er und brühte sich einen Tee auf. »Ich trinke nie Kaffee, weil Kaffee Falten macht.«

»Was dem einen der Tee, ist dem anderen der Kaffee«, lächelte ich ihn freundlich an und fing langsam an, seine Körperhaltung zu spiegeln.

Teekanne und Teetasse stellte er auf dem Glastisch ab, nahm sich Block und Bleistift und setzte sich auf den Platz gegenüber. Sein Blick blieb auf der Teetasse hängen. »Welche Erwartungen haben Sie denn jetzt?«

»Nun, Sie haben der Bewerbungsanforderung eine Stellenbeschreibung beigefügt. Daraus weiß ich ja, was Sie suchen - eine Mitarbeiterin für die Lebensversicherung.«

»Damit eins mal klar ist«, antwortete er und fixierte immer noch seine Teetasse, »diese rhetorischen Tricks, die Sie da in diesen Kursen gelernt haben, die brauchen Sie bei mir gar nicht zu probieren, die kenne ich alle!« Zum ersten Mal blickte er mich über die Brille an, als ob er der strenge Vater wäre, der mich davor warnte, auf der nächsten Party Alkohol zu trinken. Dann sank sein Blick wieder in die Teetasse.

Ich lehnte mich zurück, verschränkte die Arme und schaute ihn fest an. Schweigen beherrschte den Raum. Unbeweglich saß er mir gegenüber, den Blick wieder auf die Teetasse gerichtet und mit Papier und Stift beschäftigt. Ich schwieg weiter, schlug die Beine übereinander und wippte mit dem rechten Fuß. Nach einem Moment begann er, den Stift zwischen seinen Fingern zu drehen. Sofort hielt ich meinen Fuß ruhig und stellte die Füße nebeneinander. Der Stift lag nun ruhig zwischen Daumen und Zeigefinger, woraufhin ich mich auf meinen rechten Ellenbogen lehnte.

Plötzlich schaute er kurz auf, fixierte mich und bewegte leicht seine Schultern. Er schien unruhig zu werden, und das war auch gut so.

»Wie kann man nach einem Vierteljahrhundert eine so große und angesehene Versicherung wie die Securitina verlassen?« Kopfschüttelnd suchte er in der Teetasse nach einer Antwort. »Das kann ich einfach nicht verstehen, das geht ja eigentlich gar nicht.«

Ich blieb ihm die Antwort schuldig.

»Warum haben Sie einen so guten Job und so einen fantastischen Arbeitgeber verlassen?«

Ich blieb still sitzen. »Meine Mutter wurde krank, und ich musste mich um sie kümmern. Die Securitina konnte mir keinen Halbtagsplatz bieten. Durch die Umstrukturierung im Unternehmen wurde Personal abgebaut, und ich konnte mit einer Abfindung gehen. Jetzt ist meine Mutter wieder gesund, und ich kann mir eine neue Arbeit suchen.«

Sein Kopfschütteln hielt an. Die Botschaft schien nicht bis in sein Großhirn vorgedrungen zu sein. »Ja, aber«, sagt er und wiederholte sich, »wie kann man denn ein so gutes Unternehmen wie die Securitina nach so langer Zeit verlassen?«

»Ich musste meine Mutter pflegen, habe von der Securitina keinen Halbtagsplatz bekommen und dann ein gutes Abfindungsangebot angenommen.« Ich schlug die Beine wieder übereinander und wippte mit dem Fuß. Sein Stift setzte sich wieder in Bewegung, und ich stoppte das Wippen sofort.

Immer noch klebte sein Blick auf der Teetasse, allerdings wurde er zunehmend nervöser und eindringlicher. »Aber wieso haben Sie nach so langer Zeit ein so hervorragendes Unternehmen wie die Securitina verlassen?«

Mit einem Griff nahm ich ihm den Schreibblock vor der Nase weg und schrieb ihm die Telefonnummer ›7553224‹ darauf. Dann legte ich den Block wieder vor ihm auf den Tisch.

Zum ersten Mal schaute er auf und blickte mich an. »Wie bitte?«

»Das ist die Telefonnummer meiner ehemaligen Personalreferentin bei der Securitina, Frau Vierähren. Wenn Sie denken, dass ich bei der Securitina silberne Löffel geklaut habe, dann rufen Sie sie bitte an.«

Anscheinend hatte ich seine Aufmerksamkeit jetzt doch geweckt. »Man kann doch mal fragen, und das ist ein Punkt, der geklärt werden muss.« Er beugte sich vor und öffnete die Arme. Ich blieb unverändert sitzen. »Was haben Sie denn bei der Securitina gemacht?« Seine Stimme war jetzt höflicher.

»Ich war Sachbearbeiterin in der Antrags- und der Leistungsabteilung. Dort habe ich unter anderem Auszahlungen selbst veranlasst, auch bei Berufsunfähigkeit.« Mein Körper bewegte sich keinen Zentimeter, nur mein Mund sprach.

»Da muss es Ihnen doch schwergefallen sein, einen so verantwortungsvollen Posten aufzugeben?« Er öffnete die Arme noch weiter, aber ich bewegte mich immer noch nicht.

»Es hat mir schon viel Spaß gemacht, aber für mich ist die Familie wichtiger als der Arbeitsplatz.« Wenn es auf der Welt eine Salzsäule geben würde, dann würde sie meinen Namen tragen. Und wenn ein aufstrebender junger Unternehmer im Versicherungswesen etwas ungern hört, dann ist es die Tatsache, dass die Familie wichtiger ist als der Arbeitsplatz, den er zu bieten hat.

Vor der nächsten Frage kratzte der junge Mann sich an der Nase. Ich unterdrückte den Impuls, mich ebenfalls zu kratzen. Wann würde er endlich sagen, dass ich für sein Büro gänzlich ungeeignet sei?

»Wie viele Kinder haben Sie denn?«, wollte er von mir wissen.

»Es sind drei«, antwortete ich ihm. »Im letzten Winter war ich ganz froh, zuhause zu sein. Da hatte die ganze Familie vier Wochen lang die Grippe, und ich war die Einzige, die gesund war.« Ich lächelte zum ersten Mal, und er folgte sofort und lächelte auch. »Sie wissen ja, Mütter müssen immer in Einsatz sein.«

»Welches Gehalt stellen Sie sich denn bei mir vor?«

»Nun, bei der Securitina habe ich dreieinhalb tausend Euro verdient, das wäre dann auch bei Ihnen die Verhandlungsgrundlage für einen Ganztagsjob.« Dass mein Gegenüber sich das nicht leisten kann, war mir vollkommen klar. Und, dass er das nicht zugeben würde, auch.

Mit einem überlegenen Siegerlächeln leitete er die nächste Antwort ein. »Mein alter Betriebswirtschafts-Professor an der Uni hat schon damals gesagt, dass die deutsche Wirtschaft daran zugrunde gehen wird, dass die Deutschen denken, dass sie nach einem Jobwechsel noch das Gleiche verdienen würden.« Immer noch lächelnd lehnte er sich in seinem Sessel zurück, sein linker Arm lag ausgestreckt über dem Tisch. Ich nutzte die Gelegenheit, beugte mich schnell vor und tippte ihm mit meinen Fingerspitzen leicht auf die Hand, die so dicht behaart war wie ein Meerschweinchen mit Haarausfall und die zurückzuckte wie ein Meerschweinchen, dass auf eine Katze trifft.

Mit meinen beiden Armen besetzte ich den Tisch. »Erstens sind wir nicht in Amerika«, sagte ich eindringlich, »und zweitens bin ich froh darüber, denn ich habe mich freiwillig und bewusst entschieden, in Deutschland zu arbeiten.«

Der übergewichtige junge Mann drückte sich so weit nach hinten, dass ich befürchtete, gleich die Metallrohre der Beine wegknicken zu sehen.

»Und drittens sollte Ihnen ihr alter BWL-Prof auch gesagt haben, dass es in Amerika auch die Möglichkeiten für starke Gehaltssteigerungen in schwindelerregende Höhen geben kann.«

Zurückgedrängt im Freischwinger schaute er mich mit großen Augen an. »Wir passen doch wohl nicht so ganz zusammen«, stellte er leise fest.

Heureka! Geschafft! Genau das wollte ich von ihm hören. »Das denke ich auch«, bestätigte ich ihm freundlich nickend.

»Wenn ich einen geeigneten Arbeitsplatz für Sie hätte, würde ich mich gern noch einmal bei Ihnen melden.« Das war blanker Unsinn. »Ich würde gern Ihre Bewerbung behalten.«

»Wenn es für Sie richtig ist.« Freundlich lächelnd stand ich auf, und er folgte mir zur Tür. »Und Sie teilen dem Arbeitsamt mit, dass ich nicht auf Ihr Anforderungsprofil passe?«

Ich schnappte mir seine Hand und schüttelte sie, während er nickte. »Alles Gute für Sie«, sagte ich, schnappte mir meinen Mantel von der Garderobe, winkte der erstaunt blickenden Sekretärin zu und verließ so schnell wie möglich das Büro.

Frau Lehmann im Glück

In dieser guten Wohngegend versteckt sich das kleine und alte Haus hinter einer Birke. Es ist alt, gepflegt und wirkt neben den großen Villen rechts und links deplatziert, obgleich die großen Häuser deutlich jünger sind. Die Tür im Jägerzaun klemmt leicht, und ich drücke etwas stärker gegen den feuchten Hebel, bis sie sich öffnet. Ich schließe sie wieder und gehe am kurz geschnittenen Rosenbusch vorbei zur Eingangstür, deren gitterverstärktes Milchglas eine Ahnung davon gibt, dass etwas dahinter ist. Der Gong erklingt zweimal und es dauert eine Weile, bis sich die Tür öffnet.

Frau Lehmann ist eine recht kleine Frau, die den Kopf in den Nacken legen muss, um mir ins Gesicht zu sehen. Ihre rechte Schulter hängt etwas tiefer als die linke, ihr rechtes Bein wirkt steif unter der dunklen Hose. Um ihre großen Augen sind Falten, die den Eindruck erwecken, dass sich das ganze Gesicht zur Nase hin zusammen ziehen will. Es ist traurig, dass ich die alte Dame in so einer schlechten Verfassung sehen muss.

»Guten Tag, Frau Lehmann.« Ihr Händedruck ist schwach, zögerlich.

»Guten Tag, Herr Simon.« Ihre Stimme wirkt unsicher. »Habe ich einen Termin vergessen oder steht es schlecht um mein Geld?«

Ich schüttele den Kopf. »Nein, ich war gerade in der Nähe und möchte ihnen einfach nur guten Tag sagen. Mit ihrem Geld ist alles in Ordnung.«

Ein kleines Lächeln erscheint auf ihrem Gesicht. »Kommen Sie bitte herein.«

Ich hänge meinen Mantel auf den schwarzen Bügel an der Garderobe, wie ich es schon so oft getan habe. Das linke Bein zieht sie leicht hinterher, als sie sich langsam zu dem kleinen Esstisch bewegt, einen Arm auf die Sessel lehnt und den anderen auf die Tischplatte stützt. Dann lässt sie sich mit einer Drehbewegung und mit Schmerz verzerrtem Gesicht langsam auf den Stuhl nieder.

»Oh je, Ihnen geht es aber gar nicht gut, Frau Lehmann.« Mit einer leichten Drehung setze ich mich in die Körperhaltung der alten Dame. Am Tisch wirkt sie nicht mehr ganz so klein, obwohl sie nach vorn gebeugt sitzt und ihre Unterarme auf die Tischplatte gestützt hat. Da sie einen Bleistift vom Tisch aufgenommen hat, ziehe ich einen Kugelschreiber aus dem Sakko und nehme ihn so in die Hände, dass die Daumen sich unter dem Stift treffen und die Finger oben auf dem Kugelschreiber liegen. Ein leichter Schmerz zieht durch mein linkes Bein. Ich ändere die Haltung, bis ich mich wieder wohl fühle, und nehme die Finger wieder auseinander.

»Wissen Sie, mein Mann sagte immer, dass das Unglück dreimal da ist, bis das Glück wieder kommt.« Sie schaut auf das Bild ihres Mannes, das in einem Goldrahmen am Ende der

Tischplatte steht. Der freundlich lächelnde Herr mit den weißen Haaren und der spitzen Nase scheint sie direkt an zu sehen und sie scheint den Blick zu erwidern. Neben dem Bild steht ein Frühlingsblumenstrauß in einer Glasvase.

Frau Lehmann seufzt leise. »Mein Schwiegersohn und meine Tochter haben sich getrennt. Letzte Woche hatte ich einen schweren Autounfall, und gestern ist mir jemand über die Zehen gefahren.«

»Um Himmels Willen, Frau Lehmann, das ist ja schrecklich«, sage ich und merke, wie mir das Blut ins Gesicht schießt. »Hoffentlich ist niemandem etwas passiert?«

Sie schüttelt langsam den Kopf. »Zum Glück nicht.« Sie atmet schwer. »Ich wollte an der Tankstelle links abbiegen und habe nicht auf die durchgezogene Linie geachtet.« Mit einem leichten Seufzer krümmt sich Frau Lehmann ein wenig, als ob sie von der Tischplatte angezogen wird.

»Meine Enkelkinder saßen mit im Auto, aber es ist ihnen zum Glück nichts passiert.« Der Bleistift dreht sich langsam zwischen ihren Fingern.

»Ein Glück, dass Ihren Enkelkindern nichts passiert ist und sie gesund geblieben sind«, ergänze ich in einem ruhigen Tonfall und halte meinen Stift bewegungslos zwischen den Fingern.

»Mein Enkelsohn hat mich sogar getröstet!« Sie richtet sich auf und ihre Gesichtszüge straffen sich. »Er war ganz konzentriert, hat mich immer wieder am Arm gestreichelt und gesagt, das ist doch alles nicht so schlimm.«

»Ihr Enkelsohn ist ein sehr tapferer junger Mann!«

»Dafür ging es ihm aber hinterher schlecht.« Sie schaut wieder nach unten und blickt mir dann direkt in die Augen. »Er lag dann abends auf dem Bett und hat still geweint.«

»Es ist eine gute Eigenschaft, dass er in kritischen Situationen einen klaren Kopf behalten kann«, nicke ich zustimmend. »Und wenn er es hinterher verarbeiten kann, dann ist es in Ordnung.«

»Bei Alexandra war es etwas anderes, die hat gleich angefangen zu weinen und ihren Gefühlen freien Lauf gelassen.« Der Stolz auf ihre Enkelkinder ist ihr anzusehen, ein kleines Lächeln erscheint auf ihrem Gesicht und sie setzt sich sehr gerade hin.

Ich nicke zustimmend »Und was ist mit ihrem Auto?«

Ihre Augenbrauen wandern nach oben. »Das ist jetzt in der Werkstatt und soll übermorgen repariert werden. Es wird ungefähr 7.000 Euro kosten, und ich habe nicht mehr so viel Geld auf dem Girokonto.« Frau Lehmann hält den Kopf leicht nach unten und schaut mich fragend an.

»Sie haben genügend Geld in ihrem Depot und können sich auch gern ein neues Auto kaufen.« Mit meiner beruhigenden Stimme gebe ich ihr die Gewissheit, dass sie wirklich genug Geld hat.

»Wenn Sie das meinen, dann wird es wohl so sein. Aber ein neues Auto brauche ich nicht.« Wieder lächelt sie ihr freundliches kleines Lächeln.

»Ich komme morgen mit einem Auszahlungsformular wieder«, sage ich und lächele sie ebenfalls freundlich an. »Dann sollten Sie das Geld auf ihrem Konto haben, bis das Auto repariert ist.«

»Das wäre sehr schön.« Sie streckt ihr rechtes Bein aus und reibt es sich mit einigem Druck. Um dem Schmerz einen Ausdruck zu geben, kneift sie die Augen leicht zusammen und verzieht den Mund.

»Geht es ihnen nicht gut?«, frage ich mit leiser Stimme und spanne ebenfalls meine Gesichtsmuskeln etwas an, während ich den Kopf leicht nach links lege.

Sie lässt die rechte Hand ruhig auf ihrem Bein liegen. »Wissen Sie, ich war vor vier Wochen bei meiner Tochter im Haus am See. Mein Schwiegersohn ist ein bekannter Autor, und er hat gerade ein neues und sehr wichtiges Projekt in Arbeit. Aber er ist so negativ, beschäftigt sich immer nur mit schlimmen Dingen.« Leise seufzend schaut sie auf das Bild ihres Mannes. »Er hat im Moment eine Sekretärin, die ihm hilft, und die meinte zu mir, dass das Mittagessen viel fröhlicher und harmonischer mit mir sei und ob ich nicht bleiben könnte.«

»Sie haben eine sehr positive Ausstrahlung und sind ein freundlicher Mensch.« Irgendwo hatte ich einmal gelesen, dass die Anwesenheit von alten Frauen beruhigend auf Kinder und junge Menschen wirken sollte. Vor allem der Duft alter Frauen sollte in der Lage sein, junge Männer zu beruhigen und Streit zu schlichten. Wenn diese Theorie für irgend jemanden gelten könnte, dann wäre es Frau Lehmann.

»Als ich wieder zu Hause war, bekam ich eine sehr schmerzhafte Gürtelrose, und ich hatte Schmerzen auf der ganzen rechten Seite.« Mit einer langsamen Bewegung hält sie die rechte Hand in einem Abstand von zehn Zentimetern über das rechte Bein und zieht die Hand dann in gleichem Abstand vom Oberschenkel zur Hüfte hoch.

»Ich habe dann sehr starke Antibiotika bekommen. Es ist dann auch langsam besser geworden, und war bis letzte Woche auch fast weg.« Sie behält ihren angespannten Gesichtsausdruck bei. »Dann hatte ich die ganze Aufregung mit dem Unfall, und die Schmerzen sind wieder gekommen.«

Mein Gesicht entspannt sich, ich ziehe die Augenbrauen leicht hoch und beuge den Kopf nach vorn. »Werden die Schmerzen durch Stress verursacht?«

»Der Arzt meinte das auch.« Sie nickt. »Als ich gerade deswegen zum Arzt gehen wollte, wurde ich fast von einem Auto angefahren.«

»Das ist ja schrecklich, und Ihnen ist ja offensichtlich nichts passiert?«, frage ich und beugte mich leicht nach vorn, um näher bei ihr zu sein.

»Ja, nicht wahr?« Langsam senkt sie den Kopf.

»Wie genau ist das denn passiert?«

»Vor der Praxis ist ein Zebrastreifen. Da bin ich hinüber gegangen, eine Autofahrerin hat mich nicht gesehen und ist ganz nah an mir vorbei gefahren. So dicht, dass sie mir über die Zehen gefahren ist.« Mit der rechten Hand streicht sie sich über die Stirn. »Ich bin einfach umgefallen, und die Autofahrerin hat angehalten und sich dann tausend Mal entschuldigt.«

»Ist denn der Arzt aus der Praxis gleich gekommen?«

»Die Autofahrerin hat ihren Wagen rechts ran gefahren, hat mich dann gestützt und in die Praxis gebracht.«

»Hatte die Fahrerin auch einen Schock?«

Mit einem Nicken fährt sie fort. »Sie hat sich tausend Mal entschuldigt und immer wieder gefragt, ob es mir gut geht.«

Meinen Kopf stütze ich auf meine Hände und sehe sie durchdringend an. »Und was hat der Arzt gesagt?«

Sie seufzt wieder. »Ich habe mir den kleinen Zeh gebrochen, das ist alles, und es ist sehr schmerzhaft.«

Plötzlich bricht es aus ihr heraus, lange zurückgehalten, aufgestaut und hinter einem tapferen und freundlichem kleinen Lächeln versteckt, die Tränen schießen ihr aus den Augen und sie beugt sich nach vorn. Ihr Schmerz hat eine Körperhaltung, die ich nicht einnehmen möchte, und ich bleibe einfach still sitzen, nehme meine linke Hand leicht nach vorn und stelle mir vor, dass sie hinter ihr in der Mitte ihres Rückens liegt und ihr durch meine Hand Kraft aus dem Universum zufließt.

»Es schmerzt so, die ganze Zeit schmerzt es so. Erst tut mir der Arm weh, dann bekomme ich noch die Gürtelrose, die das ganze Bein hochzieht, bis in den anderen Arm hinein, und der Schmerz hört niemals auf, es geht immer weiter.« Ein leises Schluchzen sickert aus ihr heraus, dringt in mich ein und löst irgendetwas aus, dass meinen Blick mit einem grauen Rand versieht und ein warmes Gefühl in mir aufsteigen lässt.

»Und mein Mann, mein Mann, er fehlt mir so, mit ihm zu reden, bei ihm zu sein, ihm nahe zu sein.« Sie nimmt die Hände vor die Augen. »Manchmal möchte ich einfach nur sterben, damit ich zu ihm komme.«

Unter Tränen schaut sie auf, und ihre Klage hat mir die Worte genommen. »Aber ich kann doch nicht sterben, ich muss doch noch für meine Kinder da sein.«

Ich neige wieder leicht den Kopf und antworte ihr mit leiser Stimme, wissend, dass meine Stimme sie erreichen wird.

»Wissen Sie«, sage ich ganz bewusst, »wissen Sie, ihr Mann ist die ganze Zeit bei Ihnen, in Ihrer Erinnerung, er ist da.« Ich rede sehr ruhig, sehr sicher, sehr überzeugt.

»Wenn Sie es wünschen, dann könnte ich Ihnen vielleicht helfen?«, frage ich sie mit sanfter Stimme, und ich sehe einen Funken Hoffnung in ihrem Gesicht.

»Können Sie mir denn helfen?«, fragt sie, und nimmt ein Taschentuch, dass sie zusammen gefaltet lässt und mit dem sie die Tränen abtupft, die langsam wieder versiegen.

»Wenn Sie es wünschen, dann werde ich Ihnen gern mit dem Schmerz helfen. Wenn der Schmerz durch den Stress verursacht wird, gibt es vielleicht eine Möglichkeit.« Ich beuge den Kopf leicht nach vorn und schaue sie unter den Augenbrauen mit meinem vertrauenerweckendsten Lächeln an.

»Dazu müssten Sie sich allerdings hinlegen, damit sie sich ganz entspannen können.« Meine linke Hand macht eine kleine Bewegung in Richtung der Tür zum Wohnzimmer, in die sie sich umdreht und dann in diese Richtung aufsteht.

»Würde die Couch ausreichen?«, fragt sie, während sie in das Wohnzimmer geht.

»Vollkommen«, bestätige ich und schaue durch den Garten an der Garage vorbei auf die große Wiese, an die in einiger Entfernung große, alte Buchen angrenzen. Ein Schimmel hält den Kopf gesenkt und grast gelassen vor den Bäumen, vertreibt mit seinem wedelnden Schweif die Fliegen.

Langsam setzt sie sich auf das Sofa, legt sich auf die Seite und kommt zur Ruhe, als sie auf dem Rücken liegt und ihre Beine ausstreckt. Ich nehme die braune Wolldecke, die an dem Fußende liegt, und decke sie bis zu ihrem Kopf zu. Mit beiden Händen zieht sie die Decke wieder ein Stück zurück und legt die Arme auf die Decke.

»Es wäre besser, wenn Sie die Arme unter die Decke nehmen würden. Bei der Übung, die wir vor haben, können die Arme ziemlich kühl werden.« Ich räuspere mich. »Nehmen Sie sie besser wieder unter die Decke.«

Folgsam nimmt sie die Arme wieder unter die Decke. Einen Moment lang entstehen Zweifel in mir. Was bin ich eigentlich für ein Anlageberater? Wenn das kein besonderes Vertrauensverhältnis ist, das eine mindestens dreißigjährige Haftungszeit verursacht und von jedem – noch so schlechten – Rechtsanwalt ausgeschlachtet werden könnte. Doch jetzt ist die ganze Sache schon zu weit fortgeschritten. Auf der anderen Seite – ist da nicht auch die Verpflichtung zu helfen, wenn Hilfe möglich ist?

»Wissen Sie«, sage ich mit ruhiger Stimme, »unser Bewusstsein besteht aus vielen Teilen.« Ganz ruhig liegt sie da und hört mir aufmerksam zu. »Da ist das kleine Kind, die Mutter, die Ehefrau, und noch ganz viele andere Teile, die aus besonderen Erlebnissen entstanden sind, glücklichen wie unglücklichen, und die alle da sind. Einige von diesen Anteilen sind bewusst, andere sind nicht bewusst und melden sich zum Beispiel über ein ungutes Gefühl, einen Schmerz oder über einen Tinnitus.«

Neben ihrem Kopf steht ein Sessel bei dem Sofa, auf den ich mich gesetzt habe und sie von der Seite genau betrachte. Frau Lehmann liegt entspannt da, die Augen hat sie geschlossen, und meine Worte scheinen wie ein silberner Schimmer um sie zu schweben und dann in sie hinein zu sinken.

»Alle haben Sie gemeinsam, dass sie für Sie etwas wirklich Gutes erreichen wollen, auch wenn die Mittel, die sie dafür wählen, manchmal sehr unangenehm sind – wie zum Beispiel der Schmerz, den Sie in Ihrem Bein verspüren.«

Allein die Erwähnung des Schmerzes sorgt dafür, dass sie flach einatmet, das Kinn ein Stück zur Brust bewegt und die Gesichtsmuskeln anspannt.

»Wie kann es sein, dass so ein Schmerz etwas Gutes für mich erreichen will?« Mit gedrehtem Kopf schaut sie mich ungläubig an.

»Wahrscheinlich werden Sie es gleich erfahren«, entgegne ich leicht amüsiert und schaue ihr in die Augen. »Sehr, sehr wichtig ist es, dass Sie freundlich mit sich selbst umgehen und sehr liebevoll mit sich selbst sind. Auch der Schmerz ist ein Teil von Ihnen, und sie sollten ihn sehr freundlich und dankbar begrüßen.«

Mit einem leichten Stirnrunzeln hört sie mir zu, kann meine Worte kaum glauben und so fahre ich sehr bestimmt fort. »Wenn ich Sie dazu auffordere, dann sagen Sie am besten:

Vielen Dank, schön, dass du da bist, was willst du denn für mich Gutes erreichen?«

»Wenn Sie das sagen ...« Ungläubig hört sie mir weiterhin zu und nimmt den Kopf wieder gerade.

»Können Sie sich bitte einmal vorsichtig in den Schmerz hinein fühlen?« Meine Stimme ist sanft und gleichzeitig bestimmt, tief und gleichzeitig hoch, weich und doch fest. Ihr Kinn sinkt wieder auf die Brust, und die Gesichtsmuskeln spannen sich an und entspannen sich wieder. Seitdem ich sie das erste Mal getroffen hatte, weiß ich, dass sie stark visuell ist, und so beginne ich mit den weniger wichtigen Submodalitäten.

»Ist der Schmerz eher stechend oder ziehend?«

»Eher stechend.«

»Hat der Schmerz vielleicht einen Geruch?«

»Nein.«

»Möglicherweise einen Geschmack?«

»Er ist leicht bitter.«

»Er ist stechend und leicht bitter.« Ich bin auf der richtigen Spur. »Und gibt es einen Geruch zu dem Schmerz?«

»Nein.« Ihre Hände bewegen sich leicht unter der Decke.

»Und wenn der Schmerz eine Farbe hätte, welche Farbe hätte er dann?«

»Dunkelgrau, so ein schmutziges, unangenehmes Dunkelgrau, das mir gar nicht gefällt.« Sie atmet wieder flach ein und spannt die Gesichtsmuskeln an.

»Und ist der Schmerz weich oder fest, hart oder weich?« Meine Stimme bleibt weich, einfühlsam.

»Es ist hart, aus Holz.«

»Hat denn dies leicht bittere, dunkelgraue Etwas aus Holz auch eine Form?«

Ihre Stimme ist leise und ihr Atem ist nicht mehr flach, sondern geht tiefer in ihren Bauch hinein. Die Decke hebt sich fast unmerklich über ihrem Bauch.

»Es ist ein Winkel aus Holz mit einem Punkt in der Mitte.« Unter den Augenlidern bewegen sich die Augäpfel hin und her, die Gesichtsmuskeln sind leicht in Bewegung und der Atem geht etwas schneller.

Meine Stimme wird etwas tiefer und fester. »Wenn Sie jetzt vielleicht so gut wären, den Winkel mit dem Punkt sehr freundlich zu begrüßen und ihm zu danken?«

Die Falten auf Ihrer Stirn ziehen sich leicht zusammen.

»Es ist sehr, sehr wichtig. Am besten sagen Sie es dem Winkel mit dem Punkt so: Vielen Dank, lieber Winkel mit dem Punkt, dass du da bist. Du musst ja eine sehr wichtige Aufgabe bei mir haben, sonst wärst du ja nicht da. Herzlichen Dank. Dass Sie den Winkel sehen, ist ein Geschenk Ihres Unterbewusstseins und etwas ganz Wunderbares.«

»Soll ich das wirklich?«, fragt sie leise, ungläubig, zweifelnd.

Mein »Ja, bitte!«, ist weich und bestimmend. Ihr Kinn arbeitet, und ich sehe sie sprechen, obwohl sie schweigt. Es dauert einen Moment, und ich spreche die Worte leise mit, um zu wissen, wann sie den Dank vollendet haben könnte. Nach einer kurzen und doch langen Zeit frage ich sie, ob sie dem Winkel gedankt hat.

»Ja, das habe ich.« Sie sieht etwas verwundert aus, fast entspannt, als sie die Worte formuliert.

»Sehr gut«, lobe ich sie, »und wie fühlt es sich für sie an?«

»Sehr gut, obwohl mir der Winkel nicht ganz zu glauben scheint.«

»Sie wissen ja auch noch nicht, welche gute Absicht der Winkel mit dem Punkt für Sie hat. Möchten Sie das denn gern erfahren?« Es dauert einen Moment, bis sie mir antwortet, und ich kann ihr Zögern verstehen, denn schon allein die Vorstellung eines Winkels kann sehr seltsam sein.

»Ja, gern.«

»Der Winkel hat ja keine eigene Stimme. Vielleicht wären Sie ja bereit dazu, dem Winkel vorübergehend Ihre Stimme zu leihen.« Nach diesem Vorschlag hole ich einmal tief Luft. »Wären Sie denn damit einverstanden?«

»Wenn das geht, ja, doch, das wäre ich.« Auf einmal wirkt sie recht neugierig und entspannt, als ob die Schmerzen vorübergehend verschwunden wären.

»Fein, dann begrüße ich jetzt einfach einmal den Winkel.« Vor meinem inneren Auge erscheint eine Art Zirkel aus Holz, und meine Stimme wird sanft und außerordentlich liebenswürdig. Kleine Blumen und blaue Vögelchen erscheinen in meiner Vorstellung über dem Winkel, und mir fällt ein, dass vielleicht das ganze Leben nur ein Comic ist. »Lieber Winkel, ganz herzlichen Dank dafür, dass Du der Elfriede Lehmann hier erschienen bist. Du musst ja eine sehr wichtige Aufgabe bei der Elfriede haben, sonst wärst Du ja nicht da. Wärst Du denn einverstanden, mit der Elfriede und mir zu sprechen?« Ich lege den Kopf leicht nach links. »Elfriede würde dir auch dafür ihre Stimme leihen.«

Frau Lehmanns Gesicht spannt sich leicht zur Nase hin an, es ist aber keine Anspannung aus Schmerz, eher aus Konzentration. Unter der Decke bewegen ihre Hände sich leicht, und sie atmet tiefer ein.

»Ja, ich bin einverstanden.« Ihre Stimme ist gleichmäßig, ärmer an Modulation als im vorherigen Gespräch.

»Ganz herzlichen Dank dafür, das ist wunderbar.« Ich setze meine äußerst liebenswürdige Konversation fort.

»Darf ich Dich fragen, wie lange Du schon bei der Elfriede bist?«

»Oh, ich bin seit dem Tod ihres Mannes da.«

»Seit dem Tod ihres Mannes. Und welche wichtige Aufgabe hast du bei der Elfriede?« Die Decke wölbt sich, als Frau Lehmann mehrere tiefe Atemzüge nimmt.

»Ich sorge dafür, dass sie sich Ruhe gönnt, und zurückhält.«

»Und wie machst Du das, dass sie sich Ruhe gönnt, und zurückhält?« Bewusst wiederhole ich die Worte des Winkels, um einen guten Kontakt herzustellen.

»Ich lasse sie einen starken Schmerz spüren.« Meine Frage war wenig hilfreich, also versuche ich es auf einem anderen Weg.

»Was müsste denn geschehen, lieber Winkel, damit Du auf den Schmerz verzichten könntest?«

»Die Elfriede müsste mehr Pausen machen, sich nicht um alles kümmern und sich zurückhalten.« Nach diesen Worten wird Frau Lehmann lebendig, sie bewegt sich unruhig unter der Decke und widerspricht.

»Aber ich muss mich doch um alles kümmern, ich muss für alle da sein, für meine Kinder, für den Garten, das Haus!« Ihre Hände wollen unter der Decke hervor, ihr ganzer Körper gleitet in winzigen Bewegungen hin und her, als ob die ganze alte Dame widersprechen wolle.

Ich befürchte einen deutlichen Konflikt zwischen dem Winkel mit dem Punkt und Elfriede Lehmann, deshalb greife ich schnell ein.

»Ist das denn wirklich so, Frau Lehmann? Wie alt sind denn ihre Kinder?«

»Die sind Mitte 40, und mein Schwiegersohn ist Mitte 50.«

»Und die Kinder sind gut ausgebildet, haben Arbeitsplätze und eigene Kinder. Wäre es nicht möglich, dass Ihre erwachsenen Kinder auch gut für sich selbst sorgen könnten?« Eine Falle nach der anderen hatte sich vor mir aufgetan, und ich war sehr froh, alle umgangen zu haben, denn eine falsche Formulierung hätte den Konflikt vertieft oder ein neues Problem aufgetan.

»Ja, das stimmt eigentlich ...« Sofort werden die Bewegungen ihres Körpers weniger, die Hände legen sich wieder über die Rippen und kommen zur Ruhe, ihr Atem verliert die Hektik und strömt tief und gleichmäßig.

»Lieber Winkel mit dem Punkt, bist Du noch da?«, frage ich in der Hoffnung, nicht noch einmal von vorne anfangen zu müssen.

»Ich bin noch hier.«

Erstaunt und erfreut bedanke ich mich. »Vielen Dank für Deine Geduld. Bitte bleib noch ein bisschen hier bei der Elfriede, wir sprechen gleich weiter.«

»Frau Lehmann, müssen Sie denn die Arbeit im Garten ganz allein machen?« Tief und beruhigend schwebt meine Stimme zu ihr hinüber, wohl wissend, wie die Antwort sein wird.

»Nein, ich habe eine Hilfe, eine Frau, die den Garten macht.«

»Und wie ist es mit dem Haus, müssen Sie denn da alles allein machen?«

»Nein, ich habe jemanden, der für mich putzt und bügelt.« Zum Glück atmet sie wieder ruhig und tief.

»Würden ihre Kinder Ihnen denn helfen, wenn es nötig wäre?«

»Selbstverständlich, meine Tochter würde mir helfen, und meine andere Tochter würde aus dem Haus am See kommen, wenn es nötig wäre. Mein Schwiegersohn ist auch sehr besorgt und ganz reizend zu mir. Ich hätte Hilfe, aber ich möchte es nicht, die haben auch alle so viel zu tun.« Mit ihrem schnelleren Atem gehen auch wieder die Bewegungen einher.

»Und sie haben zum Glück genügend Geld, um sich jede Hilfe zu holen, die Sie brauchen – Sie sind in der glücklichen Situation, dass Sie finanziell vollkommen unabhängig sind.« Meine Stimme wird noch ein bisschen tiefer, und ich spreche zu ihr mit dem Brustton der Überzeugung.

»Frau Lehmann, Sie haben ein langes und schönes Leben gehabt. Sie haben sehr viel gearbeitet, waren sehr, sehr fleißig und haben hier ein schönes Heim aufgebaut. Sie haben sich liebevoll um Ihre Kinder gekümmert und sie zu verantwortungsvollen und selbstbewussten Menschen erzogen.« Meine Kehle wird trocken, und ich sammle Spucke und schlucke sie hinunter.

»Sie haben soviel Liebe gegeben, und sie haben es sich einfach verdient, es sich etwas gemütlich zu machen und es sich gut gehen zu lassen.«

Bei diesen Worten streckt sich ihr Körper leicht, der Kopf rutscht ein kleines Stück in den Nacken und ein Lächeln erscheint auf ihrem Gesicht. Aber es ist nicht dieses kleine, freundliche und tapfere Lächeln, es ist ein glücklicheres Lächeln.

Mit ganz zartem Schmelz in der Stimme fahre ich fort. »Vielleicht haben Sie einfach nur noch nicht daran gedacht, dass möglicherweise jetzt die Zeit ist, auf Ihre Kinder zu vertrauen und sich etwas Ruhe zu gönnen. Sie haben in Ihrem Leben so viel getan«, meine linke Hand geht leicht nach oben und bleibt dabei geöffnet, »da haben Sie vom lieben Gott mit Sicherheit die Erlaubnis, dass Sie sich zurücklehnen und ihre Kinder machen lassen.«

Ihr Lächeln verstärkt sich, die Schultern entspannen sich und der Kopf rutscht noch ein Stück weiter in den Nacken.

»Möglicherweise ist es an der Zeit, dass Sie es einfach nur genießen, etwas von der Liebe zurückzuerhalten, die Sie in so reichem Maße gegeben haben.« Einen Moment halte ich inne und freue mich darüber, dass meine Worte eine so positive Reaktion ausgelöst haben.

»Vorhin haben Sie gesagt, dass Sie am liebsten sterben würden. Wissen Sie, Gott lässt die Menschen erst dann sterben, wenn Sie die Erkenntnis gefunden haben, die sie finden sollen, oder wenn Sie Ihre Lebensaufgabe vollendet haben.«

Ein kleines Stück nimmt sie ihren Kopf wieder nach vorn, das Lächeln wird etwas schmaler.

»Was könnte denn Ihre Lebensaufgabe sein?«, frage ich, und ein leicht ungutes Gefühl macht sich in meinem Rücken bemerkbar, dass von dem mächtigen Gefühl der absoluten Gewissheit schnell beruhigt wird.

»Meine Lebensaufgabe?« Frau Lehmanns Stimme ist sehr leise. »Ich weiß es nicht.«

»Wenn Sie einfach einmal an Ihren Besuch im Haus am See denken – was hat denn die Sekretärin zu Ihnen gesagt?«

»Dass es schön war, dass ich da war und etwas Harmonie gebracht habe.«

Lächelnd mache ich ihr einen Vorschlag. »Wie wäre es denn für Sie, wenn Sie einfach nur da wären, und durch dieses Dasein Harmonie und Frieden in Ihre Familie bringen würden? Sie brauchen nichts mehr zu tun – einfach nur da sein. Wie wäre das für Sie?«

»Das wäre wunderschön, das wäre richtig… Das wäre meine Lebensaufgabe.« Wieder wandert der Kopf ein Stück weiter in den Nacken, und das Lächeln kehrt zurück, als ob es niemals verschwunden gewesen wäre.

»Lieber Winkel mit dem Punkt, bist du noch da?«

Ihre Stimme wird wieder gleichförmiger. »Ja, ich bin noch da.«

»Vielen Dank für Deine Geduld.«

»Gern geschehen.«

Ich habe eine Idee, die ich auch gleich umsetze. »Wie wäre es denn, wenn die Elfriede sich nachmittags eine Stunde hier auf das Sofa legen würde, um sich auszuruhen. Wäre das für Dich in Ordnung?«

»Das wäre sehr gut«, antwortet Frau Lehmann mit leicht monotoner Stimme.

»Und könntest Du Dir vorstellen, dass Du dann auf den Schmerz als Erinnerung verzichten könntest?«, frage ich vorsichtig.

»Ja, das wäre möglich. Aber ich bleibe im Hintergrund und komme wieder, wenn sie es nicht tut.«

»Vielen, vielen Dank für deinen guten Willen.«

»Frau Lehmann, was halten Sie davon, sich nachmittags eine Stunde hinzulegen und sich etwas Ruhe zu gönnen? Dann wäre auch der Schmerz weg.«

»Damit wäre ich einverstanden.«

»Dann ist es vereinbart zwischen Ihnen und dem Winkel mit dem Punkt. Dann bedanken Sie sich bitte ganz herzlich bei dem Winkel mit dem Punkt und verabschieden sie sich dann.«

Wieder schließt sie die Augen und ihr Mund bewegt sich hin und her. Nach ein paar Minuten öffnete sie wieder die Augen, dreht den Kopf und sieht mich an.

»Wie geht es Ihnen jetzt?«, frage ich sie mit normaler Stimme.

»Gut, sehr gut, der Schmerz ist schon deutlich weniger geworden.« Lächelnd sah sie mich an, erfreut und neugierig.

»Es kann noch eine Weile dauern, bis er ganz weg ist. Es ist sehr wichtig, dass Sie sich wirklich die Zeit nehmen und an die Vereinbarung halten.« Ich sehe sie ernst an. »Versprechen Sie mir das?«

»Ja, natürlich.«

»Dann würde ich gern noch eine Sache mit Ihnen besprechen.«

Sie schaut mich neugierig an.

»Können Sie sich noch an eine Situation erinnern, an der Sie mit Ihrem Mann so richtig glücklich waren – wirklich glücklich?«

Sie schließt die Augen und nimmt den Kopf wieder zurück. Ihre Augen unter den Augenlidern wandern nach oben und gehen hin und her. Plötzlich fängt sie an zu strahlen, und aus ihr strömt eine sehr positive Energie, eine große Freude, die den Raum erhellt und ihre wieder geöffneten Augen zum Strahlen bringt.

»Wissen Sie, wir sind damals mit der ganzen Familie im Urlaub in den Bergen gewesen. Die Kinder waren damals noch klein, und wir sind alle gemeinsam wandern gegangen und haben Pilze gesucht. Es war ein schöner Sommertag, die Sonne schien, und wir kamen an einen Waldrand an einem dichten Fichtenwald. Es roch stark nach Pilzen, das ist so ein starker, moderiger Geruch, der noch nicht einmal gut riecht, und wir haben eine Menge an Pilzen gefunden. Es war ein so wunderschöner Tag, dass ich einfach nur glücklich war. Mein Mann war bei mir. Und dieser Duft nach Pilzen.« Verträumt schaut sie unter die Decke.

»Vielleicht möchten Sie sich genau daran erinnern, wie es damals war, als sie mit ihrem Mann und den Kindern Pilze suchen waren.« Ihr Brustkorb hebt und senkt sich mit kleinen Bewegungen, und jedes Mal, wenn sie ausatmet, sage ich einen Satz.

»Sehen Sie, was Sie damals gesehen haben.«

»Erinnern Sie sich daran, an was Sie damals gehört haben.«

»Vielleicht gibt es einen Geschmack.«

»Erinnern Sie sich an ein Gefühl in dieser Situation?«

»Und ganz stark war doch dieser Pilzgeruch, nicht wahr?«

Frau Lehmanns Kopf wandert in den Nacken, und das glückliche Lächeln verstärkt sich.

»Gibt es denn auch einen Ort, wo dieses Glücksgefühl seinen Ausgangspunkt hat?«, frage ich sie ganz sanft, und es dauert einen Moment, bis sie mir antwortet.

»In meinem Herzen«, sagt sie lächelnd.

»Wenn Sie einfach dieses Glücksgefühl in Ihrem Herzen auf Ihre eigene Art und Weise wachsen lassen, stärker und immer stärker werden lassen, bis es so unendlich groß und stark ist, dass es sich in Ihrem ganzen Körper ausbreiten kann, so stark, dass dieses Glücksgefühl ihren ganzen Körper ausfüllen kann, so mächtig, dass es aus jeder Pore ihres Körpers herausquellen kann und sie voll und ganz einhüllt.«

Den Kopf nach hinten gelegt, füllten mächtige Atemzüge ihre Lungen, ihr Gesicht strahlt die Freude aus, die sie in diesem einem Moment in der Erinnerung empfindet.

»Und jedes Mal, wenn Sie sich auf dieses Sofa legen, können Sie wieder in diese Erinnerung hinein gelangen, wieder das sehen, was Sie damals gehen haben, das fühlen, was sie damals gefühlt haben, und riechen , was sie gerochen haben, so klar, so wunderbar, so schön.«

Sie atmet tief, und das Glück umgibt sie wie ein goldener Schimmer, sanft und schön, eine Erinnerung aus den Momenten der Vergangenheit, die einmalig und auf Dauer vielleicht das kostbarste sind, was ein Mensch haben kann, wenn er alt geworden ist.

»Wissen Sie, der große Vorteil am alt sein ist, dass man die vielen wunderschönen Erinnerungen eines langen Lebens zur Verfügung hat.«

Frau Lehmann schwelgt weiter im Glück.

»Und es gibt noch ein wunderbares Geheimnis: In Ihren Erinnerungen können Sie jederzeit ihren Mann treffen, und auch mit ihm über alles Aktuelle sprechen. Ist das nicht wunderbar?«

Ich glaube den Ansatz eines Nickens zu erkennen und beschließe, noch einen Moment schweigend neben der Couch sitzen zu bleiben. Ich genieße den schönen Blick über die Natur. Die Herbstsonne lässt die Wassertropfen auf den Gräsern glitzern, und ich frage mich wieder einmal, ob ich das richtige auch richtig tue. Oder tue ich es, so gut wie ich eben kann?

Und wie ist es mit mir? Wie wird es mir gehen, wenn ich alt bin? Seit Wochen habe ich Rückenschmerzen und hatte bisher noch nicht einmal daran gedacht, mir die Gründe dafür zu überlegen. Vielleicht ist jetzt die Zeit und dies der Anlass, einmal über mich selbst nach zu denken.

»Bleiben Sie ruhig liegen, Frau Lehmann«, sage ich leise. »Ich muss jetzt gehen und kenne den Weg.«

Mit einem glückseligen Lächeln antwortet sie mir. »Ich würde auch wirklich gern liegen bleiben.«

»Werden Sie sich denn morgen wieder hinlegen?«

Sie strahlt mich an. »Ganz bestimmt. Und ich werde mir eine heiße Milch machen und mir schöne klassische Musik anhören.«

»Das klingt sehr gut«, sage ich und stehe ruhig auf. »Bleiben Sie solange liegen, wie es für Sie richtig ist. Auf Wiedersehen, Frau Lehmann.«

»Auf Wiedersehen, Herr Simon, und vielen Dank.«

Nachdenklich trete ich in einen leuchtenden Herbsttag hinaus.

Höflich, liebevoll und würdigend

Alle Teilnehmer des Seminars sortierten ihre Papiere, klappten die weißen Aktenordner mit den Schulungsunterlagen zu, steckten die Kugelschreiber ein und verließen den Raum. Sanne notierte sich noch die letzten Worte, die ihr Trainer Max an das Whiteboard geschrieben hatte. Sie musste immer alles aufschreiben, jedes Wort, das an der Tafel stand, und das war schon seit ihrer Schulzeit so. Sie hatte die Hoffnung, dass sie in diesem Seminar den Grund dafür erfahren würde. Höflich, liebevoll und würdigend – es stand an der Tafel, und so sollten sie mit ihren inneren Anteilen umgehen, die für die Erkrankungen und Schmerzen verantwortlich waren. Allein die Vorstellung, dass hinter Schmerzen auch eine gute Absicht stecken könnte, fand sie höchst verwunderlich und sehr merkwürdig. Es war genauso merkwürdig wie viele andere Dinge, die ihr in den letzten Jahren begegnet waren. Merkwürdig und schön.

Michael stand geduldig neben ihr und wartete auf sie, denn er kannte ihre Eigenart mittlerweile. Einige Übungen hatten sie schon zusammen erlebt, die sie beide näher zusammen gebracht hatten. Aus irgendeinem Grund fühlte sie sich zu Michael hingezogen, aber es war keine sexuelle Anziehungskraft, es war etwas anderes. Er war ungefähr eins neunzig groß, hatte breite Schultern und ein paar Hände, mit denen er ohne Hilfe einen Garten hätte umgraben können. Aus seinem kantigen Gesicht leuchteten ein paar graue Augen, die durch eine große Nase getrennt waren. Sanne kannte diese Nase nur rot und leicht geschwollen. Sein Verbrauch an Papiertaschentüchern war immens, obwohl aus der Nase anscheinend nie etwas heraus kam.

Endlich war sie fertig, klappte ihre Unterlagen zusammen und stand auf. »Entschuldige, Michael.«

»Das kenn‹ ich ja schon«, sagte er grinsend.

Sie verließen den Raum, gingen durch den langen Flur an dem Restaurant und der Rezeption vorbei zu den Fahrstühlen. Es war ein schönes Tagungshotel im Harz, das etwas abgelegen für die nötige Distanz zur Heimat sorgte, die wichtig war, um sich selbst mit Abstand betrachten zu können.

Die Fahrstuhltür öffnete sich, und Michaels Hand schwebte für einen Moment auf der Tastatur. Fragend schaute er Sanne an.

»Zu dir oder zu mir?«

Sie grinste und schubste ihn am Arm. »Meine Bauchschmerzen haben sich in den letzten drei Tagen nicht einmal gemeldet – also zu dir.«

Michael drückte entschlossen auf die Zwei. »Wie schade, dass du glücklich verheiratet bist und zwei Kinder hast. Und wenn ich keine Freundin hätte, dann …«

»... wärest du für mich so attraktiv wie mein großer Bruder!« Leicht ruckend fuhr der Fahrstuhl an.

»Es ist mein Schicksal, der ewige große Bruder zu sein!«, sagte er mit leisem Bedauern in der Stimme, bei dem sie überlegte, ob er den Schmerz nun spielte oder ihn wirklich empfand. Manchmal war er sehr burschikos, ein anderes Mal wieder sehr sanft und einfühlsam, und jedes Mal überraschte er sie damit. Dabei war er immer körperlich unattraktiv.

Sein Zimmer war schlicht und zweckmäßig eingerichtet, mit dem üblichen Fernseher auf einem Schreibtisch, und einem Doppelbett, das von einer blau gesteppten Tagesdecke überzogen war. Der Rahmen des Kunstdrucks eines Bildes von Monet hatte wohl schon einmal eine heftigere Berührung mit dem Boden gehabt.

Michael schlug die Tagesdecke zur Seite, setzte sich auf das Bett und zog die Schuhe aus, während sich Sanne den Stuhl vom Schreibtisch nahm. Aus dem Schrank holte er eine dunkelbraune Wolldecke, die er auf dem Bett ausbreitete. Dann legte er sich in Pullover und Jeans auf das Bett und deckte sich mit der Decke zu. Sanne stellte den Stuhl neben das Bett und setzte sich so hin, dass sie direkt in sein Gesicht sehen konnte.

»Bist du soweit?«, fragte Sanne freundlich.

»Von mir aus kann es losgehen«, meinte er und drückte sein Kopfkissen in eine andere Form.

Mit einem kleinen Seufzer blätterte Sanne noch einmal ihre Notizen durch, um den Ablauf auch richtig einhalten zu können. Nachdem sie das Format einmal überflogen hat, gab sie sich einen Ruck und begann.

»Wir wollen jetzt ja eine Gesundheitstrance machen«, startete sie.

»Mir geht es gut, Frau Doktor«, meinte Michael grinsend.

»Irgendwie fehlt dir heute der nötige Ernst, was?«, stellte Sanne etwas angesäuert fest. »Wo möchtest du denn im Rahmen der Gesundheitstrance hinschauen?«

»Ich habe seit drei Jahren entzündete Nebenhöhlen, da möchte ich mal rein schauen«, antwortete Michael ernst.

»Möchtest du da nur rein schauen?«

»Also, ich möchte es schon gern wissen, woher diese ewigen Nebenhöhlenentzündungen kommen.« Er schniefte leise. »Ich bekomme keine Luft durch die Nase und muss deshalb oft durch den Mund atmen. Deshalb schnarche ich nachts, was meine Freundin stört.«

»Und wie äußert sich das noch?«, fragt Sanne weiter.

»In den Nebenhöhlen habe ich einen stechenden Schmerz. Ich habe sehr oft Kopfschmerzen, kann mich dann nicht konzentrieren und nicht richtig arbeiten.« Seine Gesichtsmuskeln zogen sich um seine große Nase zusammen, als ob sie diese aus dem Gesicht drücken wollten. »Ich möchte den Grund für diese ganze Scheiße heraus finden!« Michaels Gesicht verdunkelte sich deutlich. »Und ich will es endlich abstellen!«

Sanne überlegte einen Augenblick. »Du weißt schon, dass du ganz lieb mit dir selbst umgehen sollst?« Sie war etwas besorgt. »Max hat gesagt, dass es ziemlich unangenehm werden kann, wenn wir es nicht tun.«

»Na klar werde ich lieb mit mir umgehen«, fügt Michael hinzu. Etwas in seiner Stimme sorgte dafür, dass Sanne sich vornahm, vorsichtig zu bleiben.

»Okay, wie fühlt es sich denn im Moment an?«

Mit Nachdruck versuchte er, die Luft durch die Nase einzuatmen. »Geschwollen, wund, verstopft. Wenn ich nicht Aspirin und Nasenspray genommen hätte, dann hätte ich noch Kopfschmerzen dazu. Bei jeder Luftveränderung ist es besonders schlimm.«

»Dann hast du im Moment besonders Probleme?«, fragte Sanne einfühlsam.

»Die Luft hier ist nichts für mich.« Mit einem Achselzucken und herunter gezogenen Mundwinkeln beantwortete er die Frage. Er nahm das Kinn leicht nach vorn.

»Besonders bescheuert ist das Grinsen meines Hals-Nasen-Ohren-Arztes, wenn er mir leicht auf den Hinterkopf schlägt und der stechende Kopfschmerz mich fast vom Stuhl reißt. Da könnte ich ihm jedes Mal eine rein hauen.«

Sanne beschloss, seine Aggressivität einfach zu ignorieren, und machte weiter. Auf ihrer Liste stand die nächste Frage. »Und was kannst du nicht tun, dadurch, dass du eine verstopfte Nase hast?«

»Na ja, so lange arbeiten, wie ich möchte, um wirklich erfolgreich zu sein. Im Winter joggen. Nachts durch schlafen.« Mit leisem Schniefen zieht er die Nasenflügel hoch.

»Wie sieht es denn mit deiner Lebensqualität aus?«

»Meine Freundin meckert rum, weil ich von den Kopfschmerzen schlechte Laune bekomme, und wenn ich Kopfschmerzen bekomme, habe ich auch keine Lust mehr auf Sex!« Plötzlich fing er an zu grinsen. »Das ist doch ein echter Treppenwitz, oder?«

Sanne nahm sich vor, nach der Sitzung mit ihm deutlich über seine permanenten Anspielungen zu sprechen und ihm klar zu machen, dass sie das Verhalten nicht mehr tolerieren würde. »Na«, meinte sie spöttisch, »da hast Du ja einen echten Nutzen, wenn die Reise gelingt.«

»Das stimmt! Dann ärgert sie mich nicht mehr mit diesen blöden Viagra-Spam-Mails, und ich habe einen klaren Kopf, kann mehr arbeiten, werde viel erfolgreicher. Dann liebt sie mich noch mehr.« Sein Grinsen wurde noch eine Spur breiter.

Schon wieder lächelnd stellte Sanne die nächste Frage, die sie vorher von ihrem Blatt abgelesen hatte. »Angenommen, die folgende Übung ist erfolgreich, wie würde es sich denn für dich anfühlen?«

Sein Blick wandert nach oben und wieder nach unten, bleibt dann wieder oben hängen, die Pupillen gehen hin und her. »Gut, sehr gut. Ich bekomme Luft, alles ist klar, ich kann klar denken, die Luft durchströmt mich.« Sein ganzer Körper hatte sich gestreckt, der Kopf war in den Nacken gewandert und das Grinsen hatte sich in ein glückliches Lächeln verwandelt.

»Gibt es irgendwelche Einwände in dir, eine innere Stimme, die Einspruch erhebt, oder ein Gefühl, das unangenehm ist, wenn du daran denkst, dass deine Nase frei ist?« Sie beobachtet, wie sein Kopf wieder in die normale Position zurückrutscht, die Spannung in seinem Körper nachlässt und seine linke Hand sich leicht bewegt, die über der Decke liegt.

»Nein, da ist alles in Ordnung. Da gibt es nichts.« Er schüttelt leicht den Kopf und schob dieses winzig kleine Gefühl, das sich von hinten anschlich, einfach weg.

Sanne rutscht mit ihrem Finger auf der Liste eine Zeile weiter runter. »Wie intensiv ist denn dein Wunsch, eine freie Nase zu bekommen – auf der Skala von Null bis Hundert?«

Die Antwort kommt im Brustton tiefster Überzeugung. »Zweihundert. Was ich mache, das mache ich richtig.«

»Wenn deine Nase dicht ist, gibt es irgendeinen Vorteil, den diese Beschwerden haben?«, ging Sanne weiter die Fragen auf ihrem Blatt durch.

»Keine Vorteile, nur Nachteile. Wenn ich eine richtig dichte Nase habe, dann muss ich mich hinlegen, Medikamente schlucken, kann nicht arbeiten.« Er schniefte wieder durch die Nase. »Nein, es gibt keine Vorteile, nur Nachteile.«

Sanne hakte ein. »Ist denn die Ruhe kein Vorteil?«

»Nein, ich habe genügend Ruhe an den Wochenenden, wenn ich Fitness im Studio mache oder mit meiner Freundin etwas unternehme.«

»Ist unternehmen denn mit Ruhe gleich zu setzen?« So richtig stimmig fand Sanne seine Antworten nicht, darum hakte sie entsprechend nach.

»Ich habe so viel Stress in meinem Vertriebsjob, dass ich einfach Ausgleich am Wochenende brauche. Da sind Touren mit dem Mountainbike die reinste Erholung. Und wenn mich meine Nase lassen würde, dann wäre ich noch häufiger unterwegs.« Wieder versuchte er, durch die Nase einzuatmen, und brachte doch nur ein Schniefen zustande.

»Was wäre dir möglich, wenn deine Nebenhöhlen sauber wären und du klar atmen würdest?«

»Ich könnte mehr arbeiten, hätte mehr Sex.« Wieder grinste er, und Sanne überlegte einen Augenblick, ob er die Sprüche vom Sex nicht doch als Anmache meinte.

»Und wenn du mehr arbeiten könntest und mehr Sex hättest, was wäre dir dann möglich?«

»Dann hätte ich mehr Spaß und wäre glücklicher mit meiner Freundin.«

»Und wenn du mehr Spaß hättest und glücklicher mit deiner Freundin wärest, was wäre Dir dann möglich?«

»Ich wäre stinkreich und bräuchte irgendwann nicht mehr zu arbeiten, ich wäre frei.«

»Und wenn du frei wärest, was wäre dir dann möglich?«

»Alles!« Michael sagte es mit Nachdruck, und die Überzeugung war ihm anzusehen. Er wirkte entschlossen, hatte das Kinn hochgereckt und die Augen schauten nach oben.

Sanne fragte weiter. »Und wovon wärest du überzeugt, wenn deine Nase frei wäre?«

»Dass ich auch frei wäre, alles Wichtige zu tun.« Seine Stimme war ernst, klang dunkler.

Ganz sanft fragte Sanne weiter. »Was wäre dein Selbstbild?«

»Ich wäre erfolgreich und glücklich.« Auf einmal wirkte er etwas verträumt, auf eine Art und Weise entspannt, die Sanne noch nicht bei ihm gesehen hatte. Selbst als sie ihm die Ressource Ruhe geankert hatte, war er nicht in diesem Zustand.

»Wenn deine Nase frei wäre, wem würdest du dich dann zugehörig fühlen?«

»Den erfolgreichen Verkäufern!« Sehr selbstsicher folgte die Antwort auf diese Frage. Wieder hatte er diesen fest entschlossenen Gesichtsausdruck, der Sanne manchmal erschreckte. Auf ihrem Zettel stand die nächste Frage.

»Gibt es einen höheren Wert, der dahinter steht?«

Er zog leicht die Augenbrauen hoch und schaute Sanne fest in die Augen. »Ja, den gibt es.« Ein tiefer Atemzug füllte seinen mächtigen Brustkorb. »Erfolg sichert den Wohlstand, und Wohlstand sichert den Weltfrieden.«

Mit nach links gelegtem Kopf lächelte ihn Sanne an. »Das ist sehr schön.«

Sanne überlegte einen Moment, ob sie mit seinen Aussagen zufrieden sein sollte, oder ob sie die Übung lieber abbrechen sollte. Seine Aggressivität verunsicherte sie etwas, aber hatte er nicht auf der anderen Seite gerade eben die Fragen der Wunschtreppe sehr stimmig beantwortet? Konnte sie sich die Erlaubnis geben, weiter zu machen, auch wenn sich ein leichtes

Ziehen in ihrem Bauch meldete? Ein anderes Gefühl schien zustimmend zu sein, und eine Stimme von links hinter ihrem Kopf schien ihr zu sagen: »Da musst du jetzt durch.«

Sie wandte sich wieder an Michael, der ruhig auf dem Bett lag und unter die Decke schaute.

»Bist du denn jetzt bereit, nach innen zu gehen und den Grund für deine Nebenhöhlenentzündungen heraus zu finden?«

Michaels Stimme klang entschlossen. »Ja, das bin ich.«

»Vielleicht erlaubst du dir, eine Innenschau zu machen und auf deine eigene Art und Weise Bilder entstehen zu lassen.« Ihr Finger fuhr über den nächsten Punkt auf ihrer Liste. Danach schaute sie auf Michaels Oberkörper und stellte fest, wie er sich durch den Atem leicht hob und senkte. Jedes Mal, wenn er ausatmete, sprach sie. »Du kannst ganz bequem auf dem Bett liegen und deine Lage jederzeit verändern, wenn Du es möchtest.« Immer noch auf seine Atmung achtend, führte sie ihn in die Trance hinein.

Als er sich in der Trance befand, lag er ganz ruhig. Fast sah es aus, als ob er schlafen würde, doch ihre sanfte Stimme hatte ihn nur in den Zustand zwischen Wachen und Schlafen gebracht, in dem so viele Dinge möglich sind und so viel Wissen zugänglich ist, von denen wir bewusst manchmal nicht einmal etwas ahnen können.

An seinem tiefen und regelmäßigen Atem erkannte Sanne, dass sie auf ihrer Liste mit den nächsten Punkten weiter machen konnte. Ab hier musste sie sich auf ihre Intuition und ihren gesunden Menschenverstand verlassen.

»Michael, wo bist du jetzt?«, fragte sie ganz sanft und leise.

Es dauerte eine Weile, bis Michael antwortete und als er zu sprechen anfing, zogen sich seine Gesichtsmuskeln leicht zusammen, als ob es anstrengend für ihn wäre, den Kontakt mit der Außenwelt aufzubauen und zu halten.

»Ich bin in einer sehr großen Höhle«, murmelte Michael.

»Und wie sieht die Höhle aus?«, wollte Sanne wissen.

»Ähnlich wie die große Höhle in einem Kalibergwerk, dass ich in meiner Kindheit einmal besucht habe.« Ihm war bewusst, dass er noch auf dem Bett lag, und doch war ihm auf irgendeine Art und Weise der Kontakt zu seinem eigenen Körper abhandengekommen. Dafür hatte er einen Körper an diesem neuen Platz, in dieser Höhle erhalten, und er konnte sich mit diesem Körper ebenso bewegen, wie mit seinem richtigen Körper. Und er wusste, dass auch dieser Körper sein richtiger Körper war.

»Gibt es dort etwas Besonderes?«

Michael schaute sich um. »Es gibt mehrere sehr große Hügel mit kleinen Steinen, einer Art Geröll.« Sanne sah, wie sein Brustkorb sich gewaltig hob und senkte. »Dort hinten stehen mehrere Bulldozer, und ein Bulldozer schiebt ganz langsam Geröll zu einem halbkreisförmigen Loch.«

Hinter Michael rauschte es. »Weiter oben gibt es mehrere große Löcher, aus denen gerade Geröll nachgekippt wird.«

Sanne sah, wie er die Nase auf seine ganz eigene Art hochzog. »Geht es dir dort gut, wo du gerade bist?«

»Sehr gut, aber sei bitte etwas leiser!« Ihre Frage, die sie in fast normaler Lautstärke gestellt hatte, schmerzte ihn am ganzen Körper.

Flüsternd fragte sie weiter. »Und was hast du an?«

»Einen orangefarbenen Arbeitsanzug und einen Helm. Arbeitsstiefel.« Weit entfernt bewegten sich ein paar Arbeiter, und Michael beschloss, zu ihnen hinüber zu gehen. Von dem kleineren Geröllhügel rutschte er hinunter und ging über den knirschenden Kies.

»Was machst du gerade?«, wollte Sanne wissen.

»Ich gehe jetzt zu den Arbeitern hinüber.« Wieder fielen Sanne diese tiefen Atemzüge auf, »Sei bitte höflich, liebevoll und würdigend, denk bitte daran.«

»Na klar«, sagte Michael. »Reden strengt an. Ich melde mich gleich wieder.«

Sanne war etwas beunruhigt und wartete auf seine nächsten Worte.

Als Michael fast den halben Weg zu den Arbeitern hinter sich gebracht hatte, schaute er sich erneut um. Im oberen Teil der großen Höhle waren auf jeder Seite drei Löcher, aus denen das Geröll nach unten geschüttet wurde. Er nahm an, dass dahinter Tunnel waren. Das Schüttgut reichte fast bis zu den Tunneln hinauf, ohne Mühe hätte er in die Tunnel hineinklettern können. Gelbe LKW schütteten in ununterbrochener Folge immer neues Geröll in die große Höhle. Von dem jetzigen Standort konnte er sehen, dass der Boden der Höhle wie eine große Rinne geformt war, die in die große und halbmondförmige Öffnung auf der anderen Seite der Höhle mündete. Hinter einer Geröllhalde standen zwei Baucontainer, die er erst jetzt sehen konnte. Michael zählte zehn große Schaufelbagger und 5 Planierraupen, von denen nur vier im Einsatz waren und sehr langsam Geröll auf den Höhlenausgang zuschoben. An einer der stehenden Raupen standen drei Arbeiter und spielten Karten. Er stellte fest, dass auch an den anderen Fahrzeugen Arbeiter in gelben Anzügen untätig herum standen.

Sanne wurde die Zeit zu lang, darum fragte sie nach. »Was machst du gerade, Michael?«

»Ich gehe gerade zu ein paar Arbeitern hinüber, um sie zu fragen.«

»Denk bitte dran, dass Du ganz höflich und liebevoll sein sollst!« Leise und nachdrücklich erinnerte ihn Sanne an die Worte ihres Trainers.

»Das bin ich schon, keine Sorge!«, sagte Michael und ging weiter auf die Arbeiter zu. Unter den Helmen waren drei schmutzige Gesichter, breite Schultern und kräftige Hand deuteten darauf hin, dass sie an schwere Arbeit gewöhnt waren. Alle drei waren in ihr Kartenspiel vertieft, das Michael aber nicht interessierte. Er ging dicht an die Arbeiter heran und grüßte mit seiner höflichsten Stimme.

»Guten Tag, ich bin Michael.«

»Ja, das bin ich auch«, sagte der erste, der einen Vollbart trug. »Ich auch«, ergänzten die beiden anderen. »In Ordnung, ich bin das Bewusstsein von Michael.« Immer noch um Freundlichkeit bemüht, wartete er einen Moment ab. Die Männer ließen sich nicht stören und spielten weiter.

»Wieso seit ihr denn nicht bei der Arbeit?« Mit etwas mehr Nachdruck in der Stimme, als er es beabsichtigt hatte, stellte er die Frage an die drei Männer.

»Der Chef hat gesagt, wir sollen warten und ruhig sein.« Unbeirrt legte der Bärtige eine Spielkarte auf das Brett, das die Männer als Unterlage für ihr Spiel auf die Kette der Planierraupe gelegt hatten.

»Und wo finde ich Euren Chef?« Langsam wurde Michael die Sache zu bunt.

Mit dem Blick auf die Spielkarten bewegte der Bärtige den Kopf in Richtung der Baucontainer. Der dritte Arbeiter hustete kurz. »Den solltest du jetzt besser nicht stören, der macht seinen Mittagsschlaf.«

»Was macht der?« Es hätte nicht viel gefehlt, und Michael hätte den Arbeiter am Kragen gepackt.

»Mann, bist du schwerhörig? Seinen Mittagsschlaf.« Der dritte Arbeiter schaute zum ersten Mal von seinen Karten auf. »Und jetzt verpiss dich, du störst.«

Im Umdrehen knirschte Michael zwischen den Zähnen ein »Danke für die Auskunft« hervor und ging strammen Schrittes zum Baucontainer.

»Was haben die Arbeiter gesagt?« Sanne hatte er ja fast vergessen. Ausgerechnet jetzt musste sie auch noch ihre Fragen stellen.

Mit besorgtem Blick beobachtete Sanne, wie der Unterkiefer von Michael anfing, mahlende Bewegungen zu machen.

»Der Chef weiß Bescheid. Und zu dem gehe ich jetzt.« Er war den Baucontainern schon einen deutlichen Schritt näher gekommen.

»Komm lieber wieder raus und lass uns darüber reden, was als Nächstes sinnvoll wäre!«, bat Sanne in einem fast flehenden Tonfall.

Er näherte sich schnell dem Baucontainer. »Ich bin kurz vor dem Ziel, und das kläre ich jetzt.«

Ein Duft von Kaffee wehte aus der geöffneten Eingangstür des Baucontainers und bestätigte Michaels Eindruck, dass er es mit einem faulen Sauhaufen zu tun hatte, der außer Kaffeetrinken nichts auf die Reihe bekommen würde. Es war genauso wie damals, als er sein erstes Haus gebaut hatte. Handwerker waren nie da, wenn man sie brauchte und wenn sie da waren, dann waren sie zu teuer, langsam und frech.

Er stürmte durch die Tür in den Baucontainer. Auf einer Spüle stand die Kaffeemaschine, an einem Tisch saß ein Mann auf einem Holzstuhl, der aufschreckte, als er plötzlich in der

Tür erschien. Ein älterer Mann mit grauem Bart und Glatze lag auf einem Feldbett.

»Wer ist der Chef von diesem Sauhaufen hier?«, brüllte er in den Raum hinein. Der ältere Mann schrak auf, drehte sich um und stand kurzerhand vor ihm.

»Das bin ich, und ich lasse mich von niemand beleidigen!« Instinktiv wich Michael der Faust aus, die auf sein Gesicht zu flog, und landete zwei heftige Haken in der Magengrube des älteren Mannes, der daraufhin zusammen brach. Der andere, jüngere Mann hatte seinen Schreck anscheinend überwunden und schwang den Stuhl über dem Kopf, um ihn auf Michaels linke Schulter zu schlagen. Doch Michael wich so gut er konnte aus, hielt mit der linken Hand den Stuhl fest und landete mit der rechten Hand einen Schwinger auf dem Auge des jüngeren Mannes.

»Michael, komm bitte wieder raus«, flehte Sanne, die die leicht zuckenden Bewegungen der Arme und die rückartigen Bewegungen seines Kopfes so deutete, dass irgendetwas Schlimmes passiert sei.

»Ich muss erst noch was erledigen«, presste Michael zwischen seinen Zähnen hervor und lief auf den nächsten Schaufellader zu, zog sich die Treppe hoch, schloss die Tür und startete die Maschine.

Merkwürdigerweise wusste er genau, was zu tun war, um das Gefährt in Gang zu bringen. Fest entschlossen senkte er die gigantische Schaufel und fuhr mit ziemlicher Geschwindigkeit in den Kieshaufen, der dem Baucontainer am nächsten war. Dann riss er die Schaufel hoch und raste zwischen den anderen Fahrzeugen hindurch zum halbmondförmigen Höhlenausgang, hinter dem ein tiefer Abgrund lag, in den er das Geröll abkippte. Mit hoher Geschwindigkeit setzte er zurück, nahm die nächste Schaufel voll und raste wieder zum Höhlenausgang, um die Last in den Abgrund zu kippen. Sein Körper, der auf dem Bett im Hotel lag, war vergessen, und der Körper auf dem Sitz des Schaufelladers war nur noch eine leere Hülle.

Er war jetzt der Schaufellader, und er bewegte sich mit rasender Geschwindigkeit zwischen den Geröllhalden und dem Abgrund hin und her, beseelt von der Aufgabe, endlich auf zu räumen. Seine Kraft war gigantisch, er konnte Massen von Geröll bewegen, spürte das Explodieren des Diesels und das Hämmern der Kolben wie den Schlag seines Herzens. In Windeseile hatte er mehrere Kieshalden abgeräumt und näherte sich jetzt den großen Kieshalden, die von dem Auswurf aus den sechs Höhlen gebildet wurden. Er achtete nicht mehr auf Sannes Worte, selbst die Lautstärke war ihm egal. Er würde diesem Sauhaufen zeigen, wie man Arbeit richtig und schnell erledigt. Die Arbeiter hatten zuerst versucht, sich ihm in den Weg zu stellen, und hatten sich dann schnell hinter den Arbeitsmaschinen versteckt oder hinter dem Baucontainer Zuflucht gesucht.

Sanne bemerkte, wie flüssiger Schleim aus Michaels Nase heraustrat und bat ihn noch einmal inständig, mit ihr zu sprechen, erhielt aber wieder keine Antwort.

»Jetzt könnt ihr euch verpissen, so wird richtig gearbeitet!«, rief er den Männern zu. Trotz seiner hohen Geschwindigkeit konnte Schaufellader-Michael auf dem Rückweg vom Abladen erkennen, dass der Chef in der Tür des Containers stand und telefonierte. Für einen Moment überlegte er, den Container mit seinem Inhalt in den Abgrund zu werfen und entschied dann, dass er diesen Leuten zeigen wollte, wie man arbeitet, und niemanden verletzen wollte.

Als er in rasender Fahrt von einem erneuten Abladen zurückkam, sah er, dass schwarz gekleidete Männer am Baucontainer standen, die auf ihn wie Soldaten wirkten. Schaufellader-Michael kümmerte sich nicht weiter darum und rammte seine Schaufel in eine der Geröllhalden, als ihn ein Blitz traf. Sein Körper löste sich auf und er war Teil eines grauen Nebels, der ihn über die Abgründe des Nichtseins hinweg trug, bis er seinen eigenen Körper wieder spürte. Sein Herz schlug immer noch wie der Achtzylinder-Diesel, und ein eigenartiger Schmerz durchzog seinen ganzen Körper von den Zehenspitzen bis zum Kopf. Am schlimmsten war der Schmerz in den Fingern. Ein Schmerz, der kribbelte und stach, jede Bewegung schmerzen ließ. Langsam bekam er die Herrschaft über seine Finger wieder zurück, spürte erst die Arme, dann langsam die Beine und schließlich auch den Rest des Körpers.

Als er Max Stimme hörte, lichtete sich auch der graue Nebel vor seinen Augen. Sanne und Max standen an seinem Bett und beugten sich leicht über ihn. Tränen hatten feuchte Streifen auf ihren Wangen hinterlassen, und Max sah etwas besorgt aus. Schleim war aus Michaels Nase ausgetreten und bis zu den Mundwinkeln hinunter gelaufen, verstopfte immer noch die Nase.

Sanne gab ihm ein Papiertaschentuch und nahm dann selbst eins, um sich die Tränen abzuwischen.

Max setzte sich an den Bettrand. »Was ist denn passiert?«, wollte er wissen, nachdem Michael das Taschentuch benutzt hatte.

Es fiel ihm immer noch schwer, sich zu bewegen und zu sprechen.

»Ich war in einer großen Höhle. Dort waren riesige Geröllhalden und eine Menge Arbeiter, die nur faul herumstanden.«

Er holte tief Luft, und sein Brustkorb fühlte sich an wie ein überdehnter Blasebalg. »Da hat keiner gearbeitet, alle standen nur faul herum.« Nach einem Schlucken fuhr er fort. »Ich habe dem Bauleiter meine Meinung gesagt und dann selbst aufgeräumt.« Plötzlich leuchten seine Augen. »Ich war ein Schaufellader, das war absolut wahnsinnig!«

Während Sanne wie betäubt dastand, fragte Max nach. »Und wie genau hast du ihm die Meinung gesagt?«

Etwas kleinlaut fuhr Michael fort. »Ich bin in den Baucontainer hinein, da hat er auf einer Liege gelegen und geschlafen. Dann ist er aufgesprungen und hat mich angegriffen. Ich habe ihn zusammen geschlagen, dann hat mich der andere angegriffen, dem habe ich auch eine gepfeffert.«

»Wieso haben sie dich denn angegriffen?« Max sah ihn sehr konzentriert, fast streng an.

Michael seufzt und richtet seinen Oberkörper auf dem Bett auf. Plötzlich durchdringt ein starker Schmerz seine Nebenhöhlen, und seine Nase verschließt sich.

»Ich habe den Chef gefragt, ob er der Chef von der faulen Saubande ist.« Schuldbewusst schaut er nach unten. »Jetzt ist meine Nase dicht und ich kriege gerade starke Kopfschmerzen.«

Entspannt, fast amüsiert, schaute ihn Max an. »Das kann passieren, wenn man weder höflich noch liebevoll oder würdigend mit sich selbst umgeht.« Er überlegte einen Augenblick.

»Dann solltet Ihr erst einmal Abendbrot essen, und dann solltest du dich entschuldigen.«

Michael wurde blass. »Wenn ich da wieder rein gehe, weiß ich nicht was passiert.« Der Kopfschmerz durchzuckte ihn wie ein blendender Pfeil, und seine Nebenhöhlen waren mit Druck gefüllt.

»Wenn du nicht rein gehst, dann werden deine Kopfschmerzen noch schlimmer und du kannst gleich zum Arzt gehen.« Mit einem Kopfschütteln stand er auf und grinste, als Michael es nicht sah. »Nimm dir Aspirin, und dann werde ich euch beim Abendbrot einiges über die Versöhnungsarbeit erzählen, die ihr nachher angehen solltet – höflich, liebevoll und würdigend.«

Kaffee-Zombie

Der grüne Teppichboden und die orangen Stellwände waren aus den frühen achtziger Jahren übrig geblieben, ebenso wie die braunen Bürostühle mit den sternförmigen Füßen und die grauen Blechschreibtische mit dem Edelstahlgestell.

Tim saß mitten in dieser Ansammlung von Schreibtischen und Bürostühlen, die dicht gedrängt gerade soviel Platz ließen, dass zwei Sachbearbeiter gleichzeitig ein Stück zurückrollen konnten, ohne dass ein Unfall passieren würde. Jeweils drei Schreibtische bildeten eine Gruppe, und er saß mit zwei Frauen in einer solchen Gruppe, die unterschiedlicher nicht sein konnten.

Die eine nannte er die Giraffe, weil sie so groß wie er selbst war, sehr schlank und mit einem langen Hals ausgestattet, auf dem ein hübsches, etwas rundliches Gesicht saß, das von kurzen schwarzen Haaren eingerahmt wurde. Die Giraffe bewegte sich aufgrund ihrer Größe langsam, eher gemessen, und war immer sehr stilvoll mit langen, fließenden Röcken und Sakkos oder Wolljacken gekleidet. Sie war die Frau eines Managers, und ihm war nicht klar, wieso sie arbeitete, obwohl ihr Mann sehr gut verdiente. Der Verdienst ihres Mannes war der Giraffe sehr wichtig, sie erwähnte ihn ab und zu und sprach von dem Porsche, mit dem ihr Mann zu Kunden fuhr oder mit dem sie an den Wochenenden schöne Ausflüge machten. Neugierig geworden, hatte Tim sie gefragt, um was für einen Porsche es sich handelte. »So ein runder«, antwortete sie ihm, und er verstand, dass es kein echter Porsche war, so wie ein 911er, sondern einer von diesen Volkswagen- Porsches, die mit einem echten Sportwagen nicht einmal annähernd vergleichbar waren. Seitdem überlegte Tim, ob für die Giraffe der Schein als Managerfrau sehr wichtig war oder ob sie die Unterschiede zwischen einem Volkswagen-Porsche und einem echten Porsche nicht kannte. Sein eigenes Auto, ein alter Renault, war im Vergleich zu diesem neuen Volkswagen- Porsche nur eine billige Klapperkiste, aber er gab sich auch nicht den Anschein, dass er ein erfolgreicher Manager war. Ganz im Gegenteil.

Er saß der Giraffe gegenüber, die seine Ausbilderin und Ansprechpartnerin war, und mit der er sich gut verstand. Rechts neben ihm saß die Skorpionfrau. Sie war klein, hatte eine dunkle, leicht fahle Haut und schwarze Haare. Obwohl sie erst Mitte zwanzig war, war ihr Gang leicht nach vorn gebeugt, dabei legte sie die Hände ineinander. Wenn sie beim Gehen die Richtung wechselte, bewegte sich erst der Oberkörper bis zum Po, und dann folgten Po und Beine ruckartig. Tim hatte versucht, diese Art und Weise des Gehens nach zu ahmen, und hatte sofort starke Rückenschmerzen bekommen. Die Skorpionfrau zeichnete sich dadurch aus, dass sie zehn Minuten vor Dienstschluss auf der Toilette verschwand, fünf Minuten später mit nachgezogenen Lidstrich wieder hervor kam und dann ihr

Terminal herunter fuhr, nach unten ging, um nach exakt acht Stunden Arbeit die Versicherung wieder zu verlassen. Grundsätzlich lehnte sie es ab, Vorgänge von Kollegen zu übernehmen. Die Gruppenleiterin ließ sich einfach nicht darauf ein, legte ihr die Antragsstapel auf den Arbeitsplatz, drehte sich um und ging wieder.

Die Kraftfahrtabteilung der Versicherung war in der dritten Etage eines tortenförmigen Betonbaus. Strahlende Neonröhren beleuchteten blendfrei die Etage, in deren Mitte sich die Fahrstühle und Toiletten befanden. Es waren zwölf Arbeitsgruppen, nach Bezirksdirektionen aufgeteilt, und jeder Arbeitsgruppe gehörten sieben bis zehn Mitarbeiter an. Tim saß inmitten dieser Kraftfahrtabteilung, umgeben von Kollegen, die auf den Tastaturen ihrer Terminals klickten, telefonierten, sich unterhielten, die Schubladen ihrer Schreibtische öffneten und wieder zuschlagen ließen. Wortfetzen, ganze Gespräche drangen an seine Ohren und machten es ihm doppelt schwer, sich auf seine Arbeit zu konzentrieren. Es war immer Bewegung in dieser Menschenmenge, ein Kommen und Gehen, hin- und her rutschen, und Tim bekam fast alles mit, was passierte. Mehr als seine Arbeit interessierte es ihn, was die Gruppenleiterin gerade tat, die am Fenster saß und etwas mehr Platz hatte, oder dass der Abteilungsleiter telefonierte, der über wesentlich mehr Raum verfügte. Der Abstand von seinem großen Schreibtisch mit angefügtem Besprechungstisch bis zum Schreibtisch des nächsten Sachbearbeiters waren rund fünf Meter – eine Entfernung, die den Status des Abteilungsleiters dokumentierte und mit der Begründung versehen war, dass Abteilungsleiter auch in Ruhe Gespräche führen mussten.

Über allem schwebte das Rauschen der Klimaanlage wie eine graue Wolke, die von oben auf die Menschen drückte und einen kleinen Teil der Gespräche verschluckte. Nach fünf Uhr wurde die Klimaanlage abgestellt, und eine große Ruhe kehrte in die Abteilung ein. Tim wurde jedes Mal überrascht, wenn es ruhig wurde, und es war ihm, als ob eine große Last langsam von seinen Schultern wich. Viele Kollegen waren um diese Zeit schon im Feierabend, und Bewegung und Unruhe in dem Großraum waren deutlich geringer als am Morgen. Zwar waren die Tätigkeiten deutlicher zu hören, aber es waren weniger Menschen, die Tims Aufmerksamkeit beanspruchten. Ihm war nicht klar, wieso ihn die anderen so ablenken konnten. Er hätte eigentlich daran gewöhnt sein sollen, denn als er das Abitur gemacht hatte, war er auch in seiner Klasse mit vielen Menschen zusammen gewesen, und damals konnte er sich sehr gut konzentrieren.

Seine Arbeit, das war das Prüfen und Erfassen von Neuanträgen mit dem Terminal, das Bearbeiten von Fahrzeugwechseln und die Stornierung und das Ruhen lassen von Verträgen. Wenn ein Vorgang abgearbeitet war, dann musste er ihn in eine weiße Tasche ablegen. Ein Vorgang, der nicht gleich abgearbeitet werden konnte, wurde von ihm in eine gelbe Tasche abgelegt. Dann wurden die Taschennummern im Bildschirm erfasst und die Vorgänge in mannshohen Schränken mit großen Schubladen abgelegt. Wenn jemand regelmäßig falsch abgelegte Taschen suchte, dann war es Tim. Die Kollegen reagierten mittlerweile gereizt auf seine Unordnung und schimpften laut mit ihm, wenn sie wieder einmal einen seiner Vorgänge nicht finden konnten. Sie schimpften so laut, dass es die ganze Abteilung mit bekam, und er schämte sich jedes Mal in Grund und Boden, wenn er sich so bloß gestellt fühlte. Besonders laut war seine Vertretung, das Löwenmädchen.

Sie war ungefähr in seinem Alter, reichte ihm bis zur Brust, hatte eine sandfarbene Löwenmähne, die an der Stirn toupiert war und die dicken Haare nach allen Seiten abstehen ließ. Sie saß an dem nächsten Dreiertisch direkt in seinem Rücken. Es war ihm klar, dass sie mit der gegenseitigen Vertretung sehr unglücklich war. Mehrmals schon hatte sie sich bei der Gruppenleiterin beschwert, die daraufhin sehr unangenehme Gespräche an ihrem Schreibtisch mit ihm geführt hatte, die die ganze Arbeitsgruppe und Teile der Abteilung bemerkten.

Um möglichst wenig Kontakt mit der Gruppe zu haben, fing Tim spät morgens mit der Arbeit an. Er zog die Magnetkarte bewusst kurz vor neun Uhr durch das Lesegerät, um wenigstens abends einen Teil der Arbeit ungestört erledigen zu können. Alle anderen Kollegen starteten morgens um sieben Uhr und verließen gegen halb vier schlagartig die Abteilung. Da Tim lange blieb, übernahm er den Telefondienst und ersparte der Gruppenleiterin die Streitereien unter den Kollegen bei der Dienstverteilung. Es war der einzige Pluspunkt, den Tim bei ihr hatte.

Die ganze Woche blieb Tim bis siebzehn Uhr, nur am Freitag wünschte er sich, eher gehen zu können, denn der Abteilungsleiter hatte es sich zur Gewohnheit gemacht, an diesem Tag, um vierzehn Uhr Personalgespräche zu führen. Das letzte Gespräch mit Tim war vor zwei Wochen, und das nächste Gespräch sollte in einer halben Stunde sein. Den ganzen Tag über hatte er diesen Druck im Bauch und war schon mehrmals auf der Toilette. Seine Hände waren feucht, und ein grauer Schleier säumte sein Blickfeld, als die Gruppenleiterin aufstand und ihm kurz zuwinkte. Ohne ein weiteres Wort ging er um die Tischgruppe auf den Tisch des Abteilungsleiters zu, der nun beide mit einer knappen Handbewegung aufforderte, auf den braunen Stühlen Platz zu nehmen. Die Stühle standen nicht an dem kleinen Besprechungstisch, sondern direkt vor seinem Platz.

Die Gesichtsfarbe des Mannes war bleich, seine dunklen Haare waren ein Kranz um seinen runden Kopf, unter seinen Augen waren dicke Tränensäcke. Die Hautfarbe war fahl, seine Bewegungen waren ruckartig. Als Abteilungsleiter war er der einzige Mann, der eine Krawatte und eine Anzugskombination trug. Den karierten Sakko hatte er über die Lehne seines Chefsessels gehängt. Tim schätzte ihn auf Ende dreißig.

Er stieß seinen dicken Füller in Tims Richtung und schaute ihm fest in die Augen. »Vor zwei Wochen habe ich Ihnen gesagt, dass Sie jeden Tag vierzig Vorgänge abarbeiten müssen. Sie haben im Durchschnitt vierunddreißig geschafft.« Seine Stimme war trocken, kalt, sachlich, eher gelangweilt. »Ich habe nichts anderes erwartet. Frau Möller hat wieder Zettel unter der Schreibtischauflage gefunden, und Sie starren immer noch Löcher in die Luft.« Mit herunter gezogenen Mundwinkeln schüttelte er den Kopf. An die Gruppenleiterin gewandt fuhr er fort. »Sie schreiben eine Notiz. In zwei Wochen sprechen wir uns wieder. Wenn Sie die Vorgaben bis dahin nicht erfüllt haben, bekommen Sie eine Abmahnung.« Ohne weiteren Blick drehte er sich zu seinem Terminal und begann, die Tastatur zu bedienen. »Schönes Wochenende.«

Einen Moment war Tim überrascht, so entlassen zu werden. Seine Hände zitterten, waren feucht und sein Magen sprang hin und her. Die Gruppenleiterin stand wortlos auf. Beide gingen auf ihren Platz zurück.

Obwohl die Kollegen konzentriert auf die grün leuchtenden Bildschirme schauten, wusste Tim, dass er am Montag wieder im Mittelpunkt der Gespräche stehen würde. Als er an seinem Arbeitsplatz saß, hatte sich der graue Schleier vom Rand seines Sichtfeldes in einen Nebel verwandelt und über das gesamte Blickfeld ausgebreitet. Er musste sich stark konzentrieren, um den angefangenen Vorgang zu beenden, und die Plausibilitätsprüfung des Programms ließ ihn zweimal wieder von vorn anfangen. Auf die Ablage der gelben und weißen Taschen verzichtete er, weil er befürchtete, am Montag nichts wieder zu finden. Aus diesem Grund ließ er sie einfach in der grauen Kiste stehen, die ihm als Zwischenablage diente. Es war fünf Minuten vor drei Uhr, als Tim das Terminal abmeldete und ausschaltete, die beiden Kugelschreiber in die Schublade seines Schreibtisches legte und den Schreibtischstuhl heranschob. Zuletzt hob er noch die Schreibtischunterlage an, um sicher zu sein, dass dort keiner der kleinen weißen Notizzettel lag, die seiner Gruppenleiterin so verhasst waren.

Viele seiner Kollegen meldeten sich gerade ab, als Tim an ihnen vorbei in den Toilettenraum trat. Die Skorpionfrau begegnete ihm auf dem Weg. Er nickte ihr nur zu, schaffte es nicht, auch nur ein Wort des Abschieds zu sagen. Der graue Nebel vor seinen Augen ließ sie wie ein verschwommenes Schemen wirken. Nachdem er die Toilettentür hinter sich gelassen hatte, ging er den schmalen Weg zwischen der holzvertäfelten Wand und den Stellwänden hindurch zu den Aufzügen. Auf der linken Seite war der Vorstandsaufzug, den kein normaler Sachbearbeiter benutzen durfte und der direkt bis in die siebte Etage führte.

In den ersten Tagen seiner Zeit als Auszubildender hatte er diesen Aufzug einmal benutzt und war dabei dem Vorstandsvorsitzenden begegnet, einem sehr großen alten Mann, dessen Gesicht ihn an eine Dogge erinnerte und der mit dem Fahrstuhl aus der Tiefgarage kam. Er hatte ihn freundlich gegrüßt. Der Mann hatte zurück genickt und ihn gefragt, ob er Auszubildender wäre. Tim hatte das bejaht und hinzugefügt, dass er gerade erst mit seiner Ausbildung angefangen habe. Wieder nickte der Vorstandsvorsitzende – dessen Status Tim damals noch nicht kannte – und dann stieg Tim in der fünften Etage aus, in der sich die Personalabteilung befand. Kurze Zeit später musste ihr Betreuer zu dem Abteilungsleiter der Personalabteilung. Als er wieder zu ihnen kam, wies er sie mit ernster Miene daraufhin, dass der erste Fahrstuhl wirklich nur für Vorstände wäre, da es diese immer sehr eilig hätten und ihre Arbeitszeit sehr kostbar sei.

Wenn es möglich war, benutzte Tim die Treppe, denn es war eine Wohltat für ihn, wenn er sich nach acht Stunden, in denen er starr auf dem Bürostuhl saß, wieder bewegen konnte. Heute war es anders. Der Fahrstuhl war leer, als er einstieg und bis ins Parterre fuhr. In der Eingangshalle hatten sich die Sachbearbeiter weitläufig verteilt, die den Arbeitsplatz zu früh verlassen hatten und nun darauf warteten, dass sie die Magnetkarte durchziehen konnten. Bis vor Kurzem hatten sich vor drei Uhr immer kleine Schlangen vor dem Lesegerät gebildet. Letzte Woche war der Personalvorstand zufällig kurz vor drei aus dem Fahrstuhl gekommen und hatte eine dieser Warteschlangen gesehen. Nach dem Wochenende gaben die Gruppenleiter die Anweisung weiter, dass die Sachbearbeiter bis 15 Uhr zu arbeiten hätten und dass in Zukunft überprüft würde, wer seine Magnetkarte genau zum Arbeitsende durchziehen würde. Das Magnetkartengerät piepte, als die Uhr umsprang. Zügig strömten die Frauen und Männer von allen Seiten auf den Ausgang zu.

Tim atmete die warme Luft des Nachmittags tief ein. Es war Frühsommer, und ein süßer Duft kam von den Linden auf der anderen Straßenseite. Die Kastanien hatten ihr grünes Blattkleid mit weißroten Blüten geschmückt. Es war der graue Nebel, der

Tim daran hinderte, die Kastanienblüten zu sehen. Ihm fiel auf, dass er seinen Koffer unter dem Schreibtisch vergessen hatte.

Der Aktenkoffer war schwarz, konnte vergrößert werden und meistens transportierte Tim sein Frühstücksbrot mit ihm. Als er die Prüfung zum Versicherungskaufmann bestanden hatte, bekam er den Koffer von seinem Vater geschenkt, der meinte, dass ein erfolgreicher Versicherungsfachmann auch einen professionellen Koffer haben sollte. Danach fragte er, ob es nicht doch besser wäre, zu studieren.

Langsam ging Tim in die Stadt hinein, unter der Hochstraße hindurch. Er überquerte Ampeln und ging über Zebrastreifen, ohne auf den Verkehr zu achten. Die beleuchteten Schaufenster der teuren Geschäfte interessierten ihn nicht, ebenso wenig wie die Passanten, zwischen denen er sich bewegte. Die Straßencafés waren gut besucht, und junge Leute trafen sich auf dem großen Platz in der Mitte der Stadt. Selbst die langen Beine der jungen Frauen in den Miniröcken, die Tims Aufmerksamkeit sonst magisch anzogen, waren nicht wichtig.

Wichtig waren die Fragen, die ihn schon die ganzen letzten Monate bewegten. Wieso waren alle Kollegen so gemein zu ihm? Wieso stellten sie ihn vor der ganzen Abteilung bloß? Wieso war seine Gruppenleiterin so fies, dass sie in seiner Abwesenheit seinen Schreibtisch durchsuchte und ihm hinterher ein ganzes Bündel von Notizzetteln unter die Nase hielt?

Tim hatte das Gefühl, dass die ganze Welt gegen ihn war. Sein Vater meckerte an ihm herum, wusste immer alles besser und war nie mit dem zufrieden, was er tat. Als er nach seiner Bundeswehrzeit zurückgekommen war, war er so schnell wie möglich aus der Wohnung seiner Eltern ausgezogen, um nicht dauernd mit seinem Vater Stress zu haben. Dabei half ihm das Geld sehr, das er in seiner Ausbildungszeit verdiente. Er wollte auf keinen Fall mehr von seinem Vater abhängig sein. Ihn um etwas zu bitten, empfand er als eine Demütigung, nach all dem Streit, den sie in der Vergangenheit hatten. Aus diesem Grund hatte er auch auf das Studium verzichtet. Sein Vater hatte die ganze Zeit geredet, dass er Wasserwirtschaftsingenieur werden sollte, weil ein entfernter Verwandter damit einen sehr guten Arbeitsplatz gefunden hatte. Dieser Vorschlag kam jedes Mal, wenn er bei seinen Eltern war, und jedes Mal lehnte er ihn wieder ab. Es war ihm nicht klar, wieso sein Vater kein Verständnis für ihn hatte.

Mit großer Erleichterung hatte er Mathematik zu Beginn der zwölften Klasse abgewählt. Irgendwie hatte sich ›Mathe‹ für ihn in der siebten Klasse verschlossen. Vorher hatte er immer gute Zensuren gehabt, war immer sehr gut oder gut gewesen. Ihm war heute noch nicht klar, wieso er nach der siebten Klasse in seinen Arbeiten regelmäßig ein ›Ausreichend‹ bekam. Selbst der Nachhilfelehrer, der eigentlich sehr nett war, konnte ihm nicht helfen. Danach war der Mathematikunterricht eine Aneinanderreihung von Misserfolgen, und allein der Gedanke an ›Mathe‹ sorgte dafür, dass sich die graue Nebelwand vor seinen Augen wieder verdichtete. Sein Vater hatte nicht erkannt, dass ein Ingenieur in Mathe mindestens gut sein musste, und er fragte sich immer wieder, wieso sein Vater so blind war und immer wieder den gleichen Vorschlag machte, obwohl er ihm immer wieder sagte, dass er für einen Ingenieurberuf nicht geeignet sei. Wenn er seinen Sohn wirklich lieben würde, dann würde er ihn verstehen.

Seine Mutter hatte sich aus den Gesprächen heraus gehalten. In seiner Kindheit war es oft vorgekommen, dass sein Vater willkürlich etwas verboten hatte. Dann hatte seine Mutter es heimlich erlaubt, und alle hatten sehr darauf geachtet, dass der Vater nichts bemerken würde.

Wenn er ein Studium anfangen würde, dann wäre er wieder abhängig. Also musste er weiter arbeiten. Was würde passieren, wenn er seinen Arbeitsplatz verlieren würde? Dann wäre er auch von seinem Vater abhängig. Seine Freunde würden ihn für einen Verlierer halten, und sich von ihm abwenden. Zum Schluss wäre er ganz allein, würde im Krach mit seinen Eltern leben, allein und arbeitslos.

Er blieb einfach auf dem großen Platz stehen, denn der graue Nebel vor seinen Augen hatte sich so verdichtet, dass er nichts mehr sehen konnte. Minuten komprimierten sich zu Sekunden, die Zeit schien sich in diesem einen Moment in einer endlosen Schleife zu befinden, die gleichen Gedanken drehten sich um ihn in Bildern, deren Geschwindigkeit den grauen Nebel geschaffen und verdichtet hatte. In seinen Ohren sirrte und rauschte es, sein Körper schien leicht zu sein, nicht mehr die Festigkeit zu haben, die er sonst fühlte. Ein leichtes Schwanken hatte ihn erfasst, und er hoffte, dass er wenigstens stehen bleiben würde. Passanten gingen an ihm vorbei, Kinder flitzten mit ihren Fahrrädern durch die Fußgängerzone und eine Gruppe von älteren Leuten würdigten ihn nur eines kurzen Blickes, den er nicht bemerkte.

Auf einmal durchdrang eine besorgte Frauenstimme Rauschen und Nebel. »Ist mit Ihnen alles in Ordnung?«

War mit ihm alles in Ordnung? Was war in Ordnung? Was war überhaupt Ordnung? Die Stimme führte die Zeit wieder zurück in ihre gewohnte Bahn, der Nebel lichtete sich etwas und zog sich an den Rand seines Gesichtsfeldes zurück, das Rauschen wurde leiser.

Zu der Stimme gehörte das Gesicht einer Frau, deren Augen von sehr dunklen Wimpern eingerahmt waren. Sie war dezent geschminkt, hatte aber für seinen Geschmack etwas zu rote

Lippen. Ihre grünen Augen waren sehr ausdrucksvoll, sie schienen zu leuchten.

»Ist wirklich alles mit Ihnen in Ordnung?« Sie fragte noch einmal nach, und es lag so viel ehrliches und freundliches Interesse in ihrer Stimme, wie er es lange nicht mehr gehört hatte.

»Jetzt geht es mir gut, danke.«

Sie lächelte ihn aufmunternd an. »Dann kann ich ja weiter gehen«, zögerte aber einen Moment, und schaute ihn von oben bis unten mit einem Blick an, der so intensiv war, dass ihn für einen Moment ein merkwürdig warmes Gefühl durchströmte.

»Andererseits«, sie holte Atem nach diesem Wort, und Tim hatte das Gefühl, dass ihr die Worte nicht leicht fielen, »andererseits wurde ich gerade versetzt und hätte Zeit, mit dir einen Cappuccino trinken zu gehen.« Sie legte den Kopf leicht schief und schaute ihn fragend an.

Er fühlte sich schwach, unentschlossen, wollte nach dem Gespräch mit dem Abteilungsleiter lieber allein sein. Der Nebel vor seinen Augen hatte sich deutlich gelichtet.

Die Frau war etwas kleiner als er, trug eine Jeans und ein weißes T-Shirt mit einer dünnen goldenen Kette. Eine kleine schwarze Handtasche hing über ihrer Schulter, die dunkelblonden Haare hatte sie zu einem kunstvoll geflochtenen Zopf gebunden. Es war, als ob ein angenehmer Duft von ihr ausgehen würde, den er nicht bestimmen konnte. Ihr Gesicht war oval, und Tim gefiel sie sofort.

Anscheinend hatte er einen Moment zu lange gewartet, denn sie sagte »Schade« und wollte sich umdrehen, als Tim nur ein einziges Wort heraus brachte.

»Gern!«, und als sie sich wieder zu ihm gedreht hatte, ergänzte er: »Sehr gern würde ich mit dir einen Cappuccino trinken!« Es fiel ihm merkwürdigerweise leicht, ihr ein Lächeln zu schenken, auf das er ein bezauberndes Lächeln zurückbekam.

Sie streckte ihm ihre Hand entgegen. »Ich bin Charlotte«, sagte sie, während sie ihm in die Augen schaute.

»Ich heiße Tim«, antwortete er, als er ihre Hand ergriff. Für eine Frau hatte sie einen festen Händedruck, den er sehr angenehm fand.

»Es gibt dort drüben ein kleines Bistro, da können wir draußen sitzen«. Sie zeigte in die Richtung der roten Sonnenschirme, die vor einem Bürohaus in der Sonne standen.

»Gern«, wiederholte Tim. Sie gingen langsam über den Platz.

»Wohnst du hier in der Nähe?«, fragte Charlotte vorsichtig,

»Nein, ich wohne in Ricklingen.« Tim fragte sich, über was er mit Charlotte reden sollte.

»Ricklingen - ist das ein Ortsteil von Hannover?«

»Ja, ganz im Westen.« Er überließ ihr einfach die Gesprächsführung.

»Im Westen. Ich kenne bisher nur die Lister Meile, und die gefällt mir ganz gut.« Vier Tische mit Korbstühlen standen vor dem Bistro, und sie setzten sich an den einzigen freien Tisch.

»Dann kommst du nicht aus Hannover?«, fragte Tim, nachdem sie Cappuccino bei einer flinken braungebrannten Bedienung mit schwarzen Haaren und enger Jeans bestellt hatten.

»Aus Münster. Und das ist eine kleine und überschaubare Stadt im Vergleich zu Hannover.« Sie lachte über den Unterschied. Es war ein offenes und herzliches Lachen.

»Na ja«, meinte Tim, »Hannover wird oft schlecht beurteilt. Dabei ist die Stadt ganz schön, hat viel grün und jede Menge Möglichkeiten, etwas zu unternehmen.« Er merkte, wie ihm das belanglose Gespräch mit Charlotte guttat.

»Ich finde Hannover auch schön. Die Herrenhäuser Gärten sind herrlich, und der Zoo gefällt mir, die Lister Meile ist schön zum Bummeln und Shoppen.« Sie schlug die Beine übereinander und beugte sich leicht vor.

»Die Stadt wird einfach unterschätzt«, setzte Tim hinzu. »Und was führt dich nach Hannover?«

»Ich habe in Göttingen studiert und habe jetzt einen Arbeitsplatz bei einem Reifenhersteller«, antwortete sie, »in der Personalabteilung.«

Unwillkürlich wurde Tim wieder ernst. In der Personalabteilung seiner Firma würde ihm bald ein Gespräch bevorstehen. »Das ist sehr schön«, antwortete er höflich.

Charlotte sah ihn aufmerksam an. »Und was bringt dich dazu, an einem schönen Sommernachmittag mitten auf einem Platz einfach stehen zu bleiben?« Mit leicht schief gelegtem Kopf betrachtete sie ihn, freundlich, aber ohne zu lächeln.

Tim atmete tief ein. Sollte er einer völlig fremden Frau von seinen Problemen erzählen? Sollte er sich selbst als Verlierer darstellen? Würde sie ihn danach noch sympathisch finden? Normalerweise spielte er vor seinen Freunden und vor Frauen den selbstsicheren Mann, der einen guten Job hatte, gut verdiente und Bescheid wusste über die Fragen der Welt. Auf der anderen Seite war sie völlig fremd – damit war die Chance gering, dass sie alles in seinem Freundeskreis erzählen würde.

Sie nahm einen Schluck von ihrem Cappuccino, und Tim trank ebenfalls. Sie war fremd, aber er hatte das Gefühl, dass er ihr vertrauen konnte. Sie zog ihn an, gefiel ihm. Sie anzusehen gab ihm ein warmes Gefühl.

Nach einer langen Pause kamen die Worte von allein aus seinem Mund. »Ich habe Ärger mit meinem Chef«, sagte er und nahm noch einen Schluck aus der Tasse.

»Chefs können manchmal ziemlich fies sein.« Das Verständnis in Charlottes Stimme beruhigte ihn.

»Wo arbeitest du denn?«, fragte sie nach.

»In der Kraftfahrtabteilung einer Versicherung.« Sein Mund war trocken. Er griff wieder zum Cappuccino.

»In einer Versicherung? So einem großen Prachtbau aus Glas und Stahl, in dem die Gelder der Versicherten für moderne Kunst ausgegeben werden?« Ihre Augen klimperten, so dass er ihr nicht böse sein konnte. »Ich habe mal ein Praktikum in einer Versicherung gemacht.«

»In einem alten Betonbau, der auf jeder Etage ein Großraumbüro hat, in dem die Sachbearbeiter sitzen wie die Hühner auf der Stange.« Er wunderte sich, dass er grinste.

»So eng? Eigentlich müsste jeder Mitarbeiter mindesten zwölf Quadratmeter Platz haben.« Charlotte schüttelte den Kopf.

»Es sind immer drei Schreibtische zusammengestellt.« Tims Gesichtsausdruck verdüsterte sich. »Ich sitze mit zwei Frauen zusammen. Wenn ich gleichzeitig mit dem Mann hinter mir aufstehe, dann gibt es einen Unfall.«

Erstaunt sah sie ihn an.

»Die Klimaanlage dröhnt, und die Leute tippen auf den Tastaturen, telefonieren – es ist ziemlich laut.« In seiner Tasse war nur noch Schaum, und sie bestellten sich noch einen Cappuccino bei der aufmerksamen Bedienung.

»Bei so viel Lärm – was machst du da genau?«

Tim war froh, dass sie weiter fragte. »Ich sitze da, und versuche mich auf das Erfassen von Neuanträgen zu konzentrieren, gebe in den Terminal Fahrzeugwechsel und Vertragsstorno ein.«

Die Bedienung brachte den Cappuccino, beugte sich leicht vor, als sie die Tassen abstellte und gönnte ihm einen kleinen Blick in ihr ausgeschnittenes T-Shirt. Er stellte fest, dass sie keinen BH trug.

»Und das machst du den ganzen Tag?« Kritisch schaute Charlotte ihn an.

Tim nickte. »Ich muss mindestens vierzig Vorgänge schaffen.«

Fast verbrannte er sich die Lippen, als er einen Schluck aus der Tasse nahm. »Ich schaffe nur vierunddreißig.«

»Und mit vierunddreißig hast du Ärger mit deinem Chef«, stellte Charlotte sachlich fest.

Tim nickte. »Die Arbeit ist einfach nur langweilig. Manchmal ertappe ich mich, wie ich da sitze und träume.« Sein Blick fiel auf seine Schuhe, dann schaute er wieder zu ihr hinüber, die ihm ruhig zuhörte. »Leider ertappt mich auch meine Gruppenleiterin dabei.«

Charlotte nickte einfühlsam.

»Meine Gruppenleiterin hat vor einiger Zeit meinen Schreibtisch durchsucht. Dann hat sie mir einen Stapel mit Notizzetteln, so kleinen weißen, vorgelegt und gesagt, ihr würde das Messer in der Tasche aufgehen, wenn sie so etwas sehen würde.« Er stellte die Tasse vorsichtig wieder ab.

Sie schien ehrlich schockiert zu sein. »Das ist unmöglich! Hast du dich in der Personalabteilung beschwert?«

Beschämt schüttelte er den Kopf. »Ich war viel zu überrascht. Es war mir einfach nur unangenehm, dabei erwischt zu werden. Es gab auch keine Zeugen für den Inhalt des Gespräches.«

Mit festem Blick legte sie ihre Hand auf seinen Arm. Es war ein angenehmes, gutes Gefühl, dass sich mit dem unangenehmen Gefühl aus der Erinnerung mischte. Ihre Berührung war nur kurz, dann setzte sie sich wieder zurück.

Erst war er überrascht, dann wünschte er sich, dass sie ihre Hand liegen lassen würde. War es ihre Art und Weise, ihr Mitgefühl auszudrücken? Während er überlegte, stellte sie schon die nächste Frage.

»Warum arbeitest Du noch dort und suchst Dir nicht einen anderen Arbeitsplatz?« Charlotte lehnte sich in den Stuhl zurück, saß entspannt da und hatte eine Frage gestellt, die den grauen Nebel wieder entstehen ließ. Wieder beugte sie sich nach vorn und schaute ihn ernst an. »Es tut mir leid, ich wollte dich nicht verletzen. Wenn du möchtest, können wir auch hier sitzen, nett plaudern und einfach nur den Tag genießen?« Sie zog die Stirn kraus und machte einen Schmollmund, der ihn zum Lachen brachte und den Nebel in einen Schleier zurückverwandelte.

»Das ist eine treffende Frage. Ich fürchte, dass ich eine schlechte Beurteilung bekomme und dann keinen anderen Job finde.« Er seufzte, und wieder sah sie ihn kritisch an, als ob sie seine Worte nicht ganz glauben würde.

»Na ja, deine Firma wird vermutlich glücklich sein, wenn du gehst. In solchen Fällen werden auch schon einmal gute Beurteilungen geschrieben, wenn Mitarbeiter nicht so gute Leistungen bringen. Oder du wechselst innerhalb der Firma, zum Beispiel in den Außendienst. Wie wäre denn das für dich?«

Tim schüttelte den Kopf. »Außendienst wäre schon interessanter.« Der Schaum in seiner Cappuccinotasse löste sich langsam auf. »Eine Führungsposition würde mich schon reizen. Aber ich möchte nicht so ein Arschloch sein wie mein Abteilungsleiter.«

»Musst du als Abteilungsleiter ein Arschloch sein?«

»Ich weiß es nicht.« Es dauerte einen Moment, bis er geantwortet hatte. »Ich war noch nie Abteilungsleiter.«

Sie nickt leicht und lächelte ihn an. »Für jedes Verhalten gibt es einen guten Grund. Eine positive Absicht, die er für sich selbst erreichen will, einen Nutzen, oder ein Bedürfnis, das befriedigt werden soll.« Sie zuckte mit den Achseln. »Ich kann nur raten. Vielleicht leidet dein Abteilungsleiter auch unter der unangenehmen Umgebung, oder er wird vom Vorstand unter Druck gesetzt und gibt den Druck weiter. Vielleicht hat er Ärger zuhause. Oder er hat extrem wenig Zeit.«

Sie beugte sich nach vorn und stützte die Ellenbogen auf die Knie. »Es gibt einen einfachen Weg, wie du herausfinden kannst, was in ihm vor geht.«

Mit einem Lächeln beantwortete sie den Zweifel, der ihm im Gesicht geschrieben stand. »Wenn ein Apache ein Verbrechen vorgeworfen wurde, dann wurde er erst verurteilt, nachdem ein anderer Mann zehn Meilen in seinen Schuhen gelaufen war.«

»Die Apachen?«, fragte Tim kritisch.

»Oder die Komantschen. Es könnte auch sein, dass es die letzten Mohikaner waren.« Sie setzte die Geschichte unbeirrt fort. »Es geht darum, sich in die persönliche Situation eines Menschen hinein zu versetzen.«

»Und wie soll das funktionieren?«, fragte Tim irritiert.

»Körpersprache kennst Du?« Tim nickte.

»Über die Körperhaltung drückt ein Mensch seine Gefühle und Gedanken aus. Darum ist das Bluffen beim Pokern so schwierig, denn oft verrät der Körper die Karten. Hat der Abteilungsleiter eine bestimmte Körperhaltung?«

Einen Moment dachte Tim nach. »Er sitzt bei bestimmten Anlässen ganz anders. Wenn er ein eher sachliches Mitarbeitergespräch führt, sitzt er nach vorn gebeugt, stützt sich auf seine Ellenbogen und hält die Hände unter das Kinn oder vor den Mund. Bei kritischen Gesprächen beugt er sich nach vorn und pikst mit dem Füller in die Richtung des ›Angeklagten‹. Beim Telefonieren wippt er mit seinem Bürostuhl hin und her. Wenn er am Terminal arbeitet, dann sitzt er angespannt nach vorn gebeugt.«

»Du hast eine gute Beobachtungsgabe«, lobte ihn Charlotte. »Setz dich einfach auf seinen Stuhl in eine von seinen Körperhaltungen und stell dir vor, du wärest der Abteilungsleiter.«

Tim musste trocken schlucken und schüttelte den Kopf. »Das geht nicht, da sind immer Kollegen, und die würden es ihm sofort erzählen. Dann würde ich richtig Ärger bekommen.« Wieder schüttelte er den Kopf. »Und dann habe ich auch keine Lust, mich in ein Arschloch zu verwandeln. Da drin stinkt es schließlich.«

Charlotte schüttelte ebenfalls den Kopf. »Bevor du es nicht getan hast, weißt du nicht, ob es sich wirklich um ein Arschloch handelt. Und wenn du Abteilungsleiter in der Versicherungswirtschaft werden willst, dann solltest du dir überlegen, ob du das tatsächlich willst und welchen Preis du dafür zu zahlen hast.« Plötzlich war das Lächeln aus ihrem Gesicht verschwunden. Kleine Falten zeigten sich und ihr Mund verzog sich zu einem schmalen Schlitz. »Alles was du tust, hat Folgen, für alles hast du einen Preis zu zahlen.« Ihre Stimme war aus Stahl. Es war ihre eigene fundamentale Weisheit, ihre grundsätzliche Überzeugung, die keinen Platz für eine Entgegnung oder eine andere Meinung ließ. »Es ist besser, wenn du den Preis vorher kennst, bevor du dich auf den Weg machst.«

Das Paar am Nachbartisch stand auf und störte damit einen Moment lang. Fast war Tim für die Störung dankbar, denn das Gespräch nahm für ihn einen merkwürdigen Verlauf. Paare gingen Hand in Hand die Fußgängerzone entlang, andere Passanten schoben Fahrräder an ihrem Tisch vorbei oder hatten ein Eis in der Hand. Niemand schien etwas von diesem ernsten Gespräch mit zu bekommen oder zu merken, wie unterlegen er sich gegenüber Charlotte fühlte. Es war nichts mehr da, was ihn schützen konnte oder hinter dem er sich verstecken konnte. Er fühlte sich durchschaut, unangenehm berührt und war gleichzeitig froh darüber, offen zu sein. Gleichzeitig wollte er von ihr Abstand halten und sie in den Arm nehmen.

»Und welchen Preis hätte ich zu zahlen?«, fragte er Charlotte.

»Das weißt du selbst am besten«, entgegnete sie und ließ ihn nicht aus der eigenen Verantwortung.

»Ich war noch nie Abteilungsleiter. Ich weiß es nicht.«

Sie überlegte und schien für einen Moment unschlüssig, wie sie ihm antworten sollte. »Auf dem Weg zum Abteilungsleiter wirst du sehr viel arbeiten. Vierunddreißig Vorgänge sind nichts. Dann wirst du eine zusätzliche Qualifikation brauchen. Das bedeutet möglicherweise ein Abendstudium zusätzlich zu deinem Arbeitspensum.« Ein kritischer Blick traf ihn. »Das würde dir leicht fallen, wenn dir die Arbeit Spaß machen würde. Wenn sie dir keinen Spaß macht, dann würdest du dich zwingen.« Sie holte tief Luft. »Irgendwann würde die Motivation nach lassen, deine Arbeitsleistung würde schlechter werden. Die Arbeit würde noch langweiliger werden und du würdest als Kaffeezombie enden.«

»Was ist denn ein Kaffeezombie?«, fragte Tim erstaunt und tat so, als ob der Inhalt der anderen Worte nicht wichtig wäre.

»Ein Kaffeezombie ist ein Mensch, der dauernd in der Pausenzone steht, einen Kaffee nach dem anderen trinkt und seinen Kollegen erzählt, was er alles Tolles leisten könnte, wenn man ihn nur lassen würde.« Auf einmal grinste Charlotte und sah ihn spöttisch an. »Die Pausenzonen sind voll von Kaffeezombies. Und sie sind Kaffeezombies, weil sie nicht das Leben leben, das sie eigentlich leben möchten.«

Unangenehm berührt sah Tim sie an und erkannte eine Menge Spott in ihren Augen.

»Wenn du kein Kaffeezombie werden willst, dann solltest du das tun, was dir am meisten Spaß macht, dich ganz und gar fesselt, dich so interessiert, dass du gar nicht mehr aufhören möchtest, zu arbeiten.« Wieder ging ihr Röntgenblick durch ihn hindurch. »Wenn es so einen Beruf für dich geben würde, was wäre es denn?«

Sein Hals wurde trocken, als er sich fragte, ob sie nur besonders geschickt im Fragen stellen war oder ob sie seine Gedanken lesen konnte.

»Eigentlich«, sagte er, hustete und setzte erneut an. »Eigentlich würde ich gern Psychologie studieren.« Es war raus. Sein Blick fiel auf das geflochtene Leder auf dem Rücken seines linken Schuhes, das von Staub bedeckt war. »Ich würde gern verstehen, wieso Menschen so sind, wie sie sind. Was sie antreibt. Wieso sie Schreibtische durchsuchen und andere verletzen. Was aus einem Menschen einen Menschen macht.« Sein Blick fiel in ihre grünen Augen. »Wie Goethe schrieb: Was die Welt zusammenhält. Das würde ich gern verstehen.«

Er mochte das verständnisvolle Lächeln, das sie ihm herüberschickte.

»Und wieso tust du es nicht einfach? Hast du kein Abitur?«

Tim schüttelte den Kopf. »Abi habe ich, und der Notendurchschnitt würde auch für ein Studium reichen.«

Erstaunt blickte sie ihn an. »Was hindert dich, mit dem Studium anzufangen?«

»Mein Vater müsste es bezahlen, und ich habe mich mit ihm zerstritten.« Mit einem Schluck aus der Tasse spülte er die dauernde Trockenheit für einen Moment aus der Kehle. »Außerdem ist ein wesentlicher Teil des Studiums Statistik, und ich kann kein Mathe.«

Einen Augenblick schien sie zu überlegen, als sie zu ihrer Tasse griff. »Was würde denn dein Vater sagen, wenn du anfangen würdest, Psychologie zu studieren?«

»Er würde sich freuen und wäre sehr stolz auf mich.« Tim fühlte sich verlegen. Wieso kamen die Worte von selbst aus seinem Mund, wenn sie ihn fragte?

»Wenn er sehr stolz auf dich wäre, was hindert dich daran, zu studieren?«, fragte sie ihn und sah ihn erstaunt an, als ob sie ihm nicht glauben könnte.

»Er hat überhaupt keine Ahnung, was in mir vorgeht!« Die Worte kamen einfach aus seinem Mund, obwohl er sie so lange vor allen anderen Menschen gehütet hatte. »Wenn er mich wirklich lieben würde, dann würde er sich nicht immer wie der letzte Klugscheißer verhalten, alles besser wissen und mich bei jeder Gelegenheit fertig machen!«

Tim war selbst erstaunt darüber, dass er in der Öffentlichkeit, inmitten von fremden Menschen, diese Worte so laut gesagt hatte. Im Gegensatz zu ihm saß Charlotte weiterhin ganz entspannt in ihrem Korbstuhl und schien wenig beeindruckt zu sein.

»Hast du ihm schon einmal gesagt, was in dir vorgeht?«, fragte Charlotte ruhig nach.

»Nein, natürlich nicht.« Tim hatte sich wieder in seinen Korbstuhl zurückgelehnt. »Er würde mich sowieso nicht verstehen.«

Konzentriert fragte Charlotte weiter. »Und wieso kannst du das wissen, wenn du es noch nie probiert hast?«

»Weil es schon immer so war!« Langsam ging sie ihm mit ihrer beharrlichen Fragerei auf die Nerven. Gehörte es zu ihrer Ausbildung und ihrem Job dazu, Verhöre zu führen und Mitarbeiter zum Seelen-Striptease zu bringen? Vielleicht war es doch ein Fehler, mit einem fremden Menschen ein so persönliches Gespräch zu führen. Er schaute auf ihre Lippen und stellte erstaunt fest, dass er sie lieber küssen würde, als mit ihr weiter zu sprechen.

»Wirklich immer? Hat er mit dir nie Hausaufgaben gemacht, mit dir über deine Berufswahl gesprochen oder dir irgendwie geholfen?« Penetrant fragte sie nach, und wirkte leicht angespannt.

Ein Bild schoss Tim durch den Kopf und er erinnerte sich, wie er vor einigen Jahren mit seinem Vater bei der Berufsberatung des Arbeitsamtes war. »Er war mit mir bei der Berufsberatung des Arbeitsamtes.« Als das braungebrannte Mädchen ein Tablett mit Getränken an den ersten Tisch brachte, beugte sie sich vor und er stellte fest, dass ihm ihr kleiner Po in der Jeans gefiel. Er hatte nicht zu Charlotte gesprochen, die Worte waren an ihrem Kopf vorbei geglitten.

»Und was ist bei der Berufsberatung passiert?«, fing Charlotte die Worte neben ihrem Kopf auf und gab sie zurück.

»Ich hatte dem Mann erzählt, dass ich Journalist werden wollte. Der Berater hat es mir ausgeredet. Er meinte, dass man als Journalist nichts verdienen würde und dass Versicherungskaufleute gesucht würden.« Tim schnaubte. »Der Mann hatte keine Ahnung.«

»Würde ein Vater, der sich nicht für seinen Sohn interessiert, mit zur Berufsberatung gehen?« Tim empfand Charlottes Augenaufschlag als sexy und scheinheilig. Wieso hatte er das Gefühl, dass er ihr nicht entkommen konnte? Ihre langen Wimpern rahmten ihre grünen Augen ein, die ihn anzogen und mit denen sie anscheinend in seine Seele schauen konnte.

»Das würde er nicht«, brummte Tim zurück. Obwohl er für einen Moment überlegt hatte, eine andere Antwort zu geben, entschied er sich für die Wahrheit, die er empfand.

»Dann hat dein Vater dir die Wahl gelassen, und du hast dich für den Versicherungskaufmann entschieden.« Wieder klimperte sie mit den Wimpern. »Damit hast du die Verantwortung für dich selbst übernommen.«

»Ich bin doch nur Versicherungskaufmann geworden, weil er sich so unmöglich verhalten hat und ich nicht mehr von ihm abhängig sein will«, brummte er etwas lauter in Richtung Personalabteilung.

»Und wenn du studieren würdest, wäre er stolz auf dich und würde dich gut behandeln?« Wieder klimperte sie mit ihren Wimpern, verzichtete aber auf das Lächeln.

»Das vermute ich«, entfuhr es Tim, obwohl er das gar nicht wollte.

»Wenn du studieren würdest, dann würde dich dein Vater gut behandeln, dir würde es gut gehen, deinem Vater würde es gut gehen und du könntest studieren und verstehen, was die Welt zusammen hält. Wäre das nicht wunderbar?«

»Wenn, wenn, wenn – wenn das so einfach wäre. Du hast vergessen, dass ich kein Mathe kann!« Fast war er wütend über den Gesprächsverlauf, über diese Penetranz und Respektlosigkeit, mit der sie nach fragte und ihm nicht entkommen ließ, die Hartnäckigkeit, mit der sie fragte und fragte.

»Na ja«, meinte Charlotte, »vielleicht hast du ja recht. Das Psychologiestudium besteht zum großen Teil aus Statistik.« Sie legte den Kopf in den Nacken und schaute das Haus hinauf. »Ich finde diesen alten Kasten ziemlich hässlich. Findest du nicht auch?« Versonnen blieb ihr Blick irgendwo weiter oben an einem der Fenster hängen, als ob dort etwas sehr Interessantes passieren würde.

Verwundert drehte er sich im Sitzen um und schauten ebenfalls an den grauen Bau mit den getönten Fensterbändern hoch. Was sollte jetzt diese merkwürdige Frage? Er fand es sehr seltsam, dass sie sich plötzlich für dieses Haus interessierte. »Es ist hässlich«, stellte er fest und drehte sich wieder zu Charlotte, die einen Moment später den Kopf herunter nahm und ihn mit geneigtem Kopf anschaute. »Wie alt ist eigentlich dein Vater«, fragte sie ihn in einem leicht verträumten Tonfall.

»1930. Er wurde 1930 geboren.«

»Dann ist er schon ziemlich alt.« Hatte er in ihrem Gesicht für einen Moment Mitleid entdeckt, oder war es doch Neugierde?

»Musste er noch in den Krieg?«

»Nein. Er kommt aus Schlesien. Sein Vater ist auf der Flucht an Kehlkopfkrebs gestorben. Damals war er fünfzehn Jahre alt, und er musste sich allein bis nach Hannover durch schlagen.« Er fühlte eine merkwürdige Distanz zu der Geschichte seines Vaters, so tragisch sie auch war.

Charlotte zog die Augenbrauen hoch. »Dann hat er es nie erfahren, wie es ist, wenn man Konflikte mit seinem Vater hat.« Irgendwie hatte Tim das Gefühl, dass sie das Verständnis für seine Situation wieder gefunden hatte, das er so stark am Anfang des Gespräches empfunden hatte. Die Nähe zu ihr war wieder da, die zwischendurch verloren gegangen war.

Traurig sah sie an ihm vorbei. »Wie schrecklich - da wurde dein Vater aus seinem zuhause vertrieben, hatte Angst auf der Flucht, und dann stirbt auch noch sein Vater. Der arme Junge.«

»Es waren harte Zeiten damals. Ein paar Jahre vorher ist seine Mutter an Tuberkulose gestorben. Er war ganz allein.«

»Du meine Güte.« Charlotte nahm eine Hand vor den Mund. »Das ist ja schrecklich.« Einen Moment überlegte sie. »Und wie lange konnte er dann zur Schule gehen?«

»Ich glaube nur sieben Jahre.« Fast war es ihm unangenehm, dass er über diesen Punkt im Leben seines Vaters nicht Bescheid wusste.

Sie zuckte leicht mit den Schultern. »Vielleicht ist es ihm deshalb so wichtig, dass du studierst. Selbst hat er keine Chance auf Bildung gehabt, darum will er es gern für seinen Sohn.« Sie nickte ihm zu.

»Das macht Sinn«, bestätigte ihr Tim. »Lernen ging meinen Eltern immer über alles andere.«

»Wie ist es ihm denn auf der Flucht ergangen?«

»Ziemlich schlecht.« Er hatte sich die Geschichte seines Vaters bisher nicht so bewusst durchdacht. »Er musste oft auf dem Boden schlafen, sich verstecken und auch hungern. In der Tschechei wurde er in einer Polizeistation zusammen geschlagen.«

»Und was denkst du, hat das mit deinem Vater gemacht?« Sie streckte ihm leicht die offene Hand entgegen.

»Das wird ihn hart gemacht haben. Ich denke«, sagte er und holte einmal tief Luft, »wenn er nicht für sich gesorgt hätte, wäre er gestorben.«

Charlotte schaute auf die Tischplatte. »Wenn ein Mensch solche Extremsituationen erleben musste, wie mag ihn das prägen?«

Tim hatte das Gefühl, dass sie mit sich selbst sprach. Trotzdem beantwortete er die Frage: »So, wie er ist. Hart. Unnachgiebig. Setzt die eigene Meinung durch, ob es sinnvoll ist oder nicht.«

Charlotte nahm den Kopf wieder hoch und schaute ihm in die Augen. »Sogar bei seinem eigenen Sohn.«

»Sogar bei seinem eigenen Sohn.« Tim nickte nachdenklich. »Dann kann er wohl nicht anders.«

»Hinter jedem Verhalten steht eine positive Absicht, ein Nutzen. Wenn dein Vater so extrem gelernt hat, sich so durch zu setzen, dann wendet er es vielleicht auch bei dir an.«

»Leider.« Eine Leichtigkeit breitete sich in ihm aus, die seinen ganzen Körper umfasste und ihn kribbeln ließ.

Wieso, fragte er sich, war er noch nicht selbst darauf gekommen? Sein Blick fiel auf das Gestänge unter dem Sonnenschirm. All die Dinge, die in den letzten Jahren mit seinem Vater passiert waren, bekamen plötzlich einen Sinn. Sein Meckern, seine fehlende Sensibilität. Er musste sich durchsetzen, ob es sinnvoll war oder verletzend, das war ihm egal. Seine Schultern senkten sich, entspannten sich und er fühlte sich von einer großen inneren Anspannung befreit, einer Last, die er schon seit vielen Jahren mit sich trug.

»Was wäre denn das Beste daran, wenn du Psychologie studieren würdest?«, holte Charlottes Stimme ihn aus seinen Gedanken.

»Was das Beste wäre?«, fragte er nach und sah sie leicht verschwommen freundlich lächelnd vor sich sitzend.

»Was das Beste wäre!«, bestätigte sie.

»Das Beste wäre, dass ich das tun könnte, was mir wirklich Spaß macht.« Ein Lächeln erschien auf seinem Gesicht.

»Und was wäre das Beste daran?« Das Lächeln war groß genug, um auch auf ihrem Gesicht zwei Grübchen herbei zu zaubern.

»Dass ich die Menschen verstehen könnte, wissen würde, wieso sie so sind, wie sie sind.« Das Lächeln breitete sich weiter aus, über sein ganzes Gesicht und schien Charlotte an zu strahlen.

Charlotte beugte sich vor. »Und was wäre das Beste daran?«

»Dass ich Menschen helfen könnte, einander zu verstehen, Frieden zu halten.« Das Lächeln hatte sich über seinen Kopf auf den Oberkörper ausgebreitet. Alles war in ein helles Licht getaucht, selbst Charlottes weißes T-Shirt strahlte. Ihre einfühlsame Stimme schien kleine strahlende Sterne in ihrem Mund entstehen zu lassen, die auf Lichtstrahlen zu ihm hinüber kamen. »Was wäre das Beste daran?«

»Dass ich eins wäre mit Gott.« Er sagte diese Worte leise, aber mit großer Bestimmtheit. Das Licht strahlte aus Charlotte heraus und verband sich mit seinem eigenen Licht zu einer strahlenden Kugel, die ihn schweben ließ. Er wusste, dass nun alles gut werden würde.

»Wie wunderschön«, strahlte Charlotte. »Du kannst Deinen Traumberuf ausüben und versöhnst dich mit deinem Vater.« Sie beugte sich nach vorn und streckte ihre Hand aus.

»Ich bin ziemlich gut in Mathe und würde dir auch Nachhilfe geben, wenn du mich nett darum bittest!« Ihr roter Mund und ihre weißen Schultern zogen ihn magisch an, die dunkelblonden Haare hatten einen eigenartigen Schimmer, ihre grünen Augen funkelten über den Tisch, als sie ihre Hand wieder auf seinen Arm legte und ein Stromstoß von ihrer Hand durch seinen Arm und weiter durch seinen Körper zuckte und dann zwischen den Beinen landete, wo es sich in einer Explosion von Wärme, Rauschen, Prickeln und sofortiger starker Durchblutung manifestierte.

Das Blut wurde direkt aus seinem Kopf abgezogen, in dem nur noch eine gleich portionierte Leere blieb, und durch den Unterdruck begann ein Rauschen in seinen Ohren. Er hörte sie flüstern: »Vielleicht magst du einfach ja sagen?«, und er sagte einfach ja, ohne nach zu denken, ohne auf irgendetwas zu achten, als der Fülle zwischen seinen Beinen und der Leere im Kopf.

Aufgelöst hatte sich der graue Nebel, verschwunden waren die Gedanken an seinen Vater und die Angst vor der Zukunft. Tim lebte in diesem Moment, im Licht, war im hier und jetzt, in dieser Sekunde, in der sich die Wärme zwischen seinem Arm und ihrer Hand austauschte - und nur dieser Moment war wichtig. Viel zu schnell zog sie die Hand wieder weg. Wo sie eben noch lag, blieb ein warmer Punkt, der kribbelte und nur langsam an Wärme verlor. Entspannt lehnte sie in ihrem Korbstuhl. Tim konnte die Augen nicht von ihr abwenden, diesem Lächeln, dieser weißen glatten Haut, die ihm eben noch berührt hatte. Er sah den kleinen Busen unter dem weißen T-Shirt, ihr rundes Kinn und den immer noch zu rot geschminkten Mund, und was er sah, zog ihn magisch an.

Charlotte hielt seinem Blick stand, tauchte in ihn ein, erwiderte ihn und beendete den magischen Moment. »Lass uns ein bisschen bummeln gehen«, sagte sie und winkte der Bedienung, die Charlotte ein dünnes Lächeln schenkte und trotzdem von ihr ein Trinkgeld bekam. Tim bedankte sich bei ihr für die Einladung. Merkwürdigerweise konnte er wieder aufstehen, als sie den Korbstuhl an den Tisch schob und ihn fragend ansah.

Beide gingen einen Moment nebeneinander die Einkaufsstraße entlang, als der uralte Magnetismus des Lebens sie aneinander zog. Ihr Arm fand allein den Weg um seine Taille, sein Arm legte sich von selbst hinter ihrem Rücken und im Gleichschritt schlenderten sie die Straße entlang. Es war ein gutes Gefühl, sie im Arm zu haben. Für einen Moment zog er sie noch stärker an sich und sog den Duft ihrer Haare ein. Sie roch einfach gut, der Duft füllte die immer noch vorhandene Leere in seinem Kopf auf und er spürte, wie sie ihren Kopf an seine Schulter lehnte und seinen Druck erwiderte.

Wortlos gingen sie die Straße entlang, sich selbst genug, an Passanten und Schaufenstern vorbei, die sie nicht sahen, und genossen das Gefühl, beieinander zu sein. Nach einer Weile kamen sie an einen Torbogen, hinter dem ein Gang in den Innenhof führte. Charlotte blieb vor ihm stehen und nahm seine Hand.

»Lass uns jetzt mit dem Unterricht anfangen.«

Tim war einverstanden.

»Vielleicht sollten wir erst mit Entspannungsübungen starten?«

Leicht beugte er sich vor, ihr Mund streckte sich ihm entgegen und unter dem Geschmack des Cappuccino eröffnete sich eine faszinierende Mischung aus süßen, salzigen und bitteren Teilen, die ihre Zungen in einem Tanz umeinander verbanden. Es war die Bestätigung eines Gefühls, dass sich langsam von vorn an Tim herangeschlichen hatte, als sie an dem Tisch vor dem Bistro saßen. Noch nie hatte er eine Frau geküsst, die so gut schmeckte. Noch nie hatte er eine Frau so sehr begehrt, war das Verlangen so stark und süß und heiß gewesen, dass es ihn und Charlotte und Charlotte und ihn in einem engen Tanz die Treppe hinauf schweben ließ. Auf eine unbestimmte Art gelangten sie in ihre Wohnung, ließen die Hosen auf dem Boden, befreiten sich von Hemd, T-Shirt und den restlichen überflüssigen Kleidungsstücken, fanden den Weg auf ein Bett und erforschten gemeinsam diesen wunderbaren neuen Geschmack aus Cappuccino, Nüssen und Moschus.

Es war ein merkwürdiger Summton. In kurzen Intervallen wurde das schrille Geräusch immer lauter, und Tim überlegte einen Moment, ob die Batterie seines Weckers schwach sein könnte. Schließlich entschied er, dass es nicht sein Wecker war. Ein Arm legte sich über seinen Rücken und tastete nach dem Geräusch, strich über seine Haut und rief angenehme Erinnerungen aus der letzten Nacht hervor. Ihre Hand stellte den Summton aus und blieb dann auf seinem Rücken liegen, und ein gemurmeltes »Guten Morgen« erreichte seine Ohren.

Er drehte sich zur Seite, schob sich zu ihr und nahm sie fest in den Arm. Der Duft ihrer Haare war so angenehm, dass er die aufregenden Erlebnisse der letzten Nacht gern wiederholt hätte. Als seine Hand über die glatte Haut ihres Hinterns glitt, kicherte sie und ergriff sein Handgelenk.

»Grundsätzlich ist das eine gute Idee, und wir beide sollten das nächste Wochenende sehr intensiv damit verbringen.« Sie wuschelte ihm durch die Haare und schaute ihm fragend in die Augen. »Meine Schwester hat heute Geburtstag, und die ganze Familie trifft sich bei meinen Eltern zum Feiern.«

Tim zog eine Schnute und biss sie leicht in die Schulter. »Ich komme auch mit nach Münster«, meinte er und grinste.

»Dazu ist es vielleicht noch ein bisschen früh.« Mit einem Lächeln wand sie sich aus seinen Armen. »Wenn das nächste Treffen auch so fantastisch wird, und das darauf auch, dann könnte ich mir das durchaus vorstellen.« Er sah ihr nach, als sie nackt aus der Tür ging, bewunderte die beiden Grübchen über ihrem Po und ließ sich wieder auf das Kopfkissen sinken. Ihre

Wärme und ihr Duft waren noch in diesem Bett, hingen zwischen Laken und Kissen und erfüllten ihn einfach nur mit Glück, einem Glück, an das er gestern Nachmittag nicht im Traum gedacht hätte.

Diese Frau war wunderbar, schön, intelligent, witzig und roch und schmeckte fantastisch, so gut, wie noch nie eine Frau in seinem Leben gerochen und geschmeckt hatte. In seinem Bauch flatterten Schmetterlinge hin und her, die sich mit ihm darauf freuten, dass sie gleich wieder durch die Tür kommen würde. Selbst der Gedanke an seinen Arbeitsplatz hatte den Schrecken verloren. Er konnte an seinen Schreibtisch denken, ohne dass der graue Schleier vor seine Augen trat. Tief in seinem Inneren wusste er, dass er zusammen mit Charlotte alles erreichen konnte, was für sie und ihn wichtig war.

Im Bett hielt es ihn nicht mehr. Während im Badezimmer die Dusche rauschte, stand er auf, machte kurz das Bett und suchte dann im Flur seine Sachen zusammen, die auf der ganzen Länge des schmalen Flurs ein lustiges Durcheinander mit Charlottes Kleidungsstücken bildeten.

Ihre Bluse hing an dem Rahmen eines kunstvoll geschnitzten Spiegels, und eine seiner Socken hatte den Weg auf die Hutablage der großen Garderobe gefunden, unter der sich eine große Zahl von Schuhkartons stapelten, auf denen Schuhe in allen Formen und Farben lagen. Er musste Grinsen, als er ihre Sachen auf dem Bett stapelte.

Der Föhn summte im Badezimmer, als er in das Wohnzimmer hinüber ging. Ein bunter Kunstdruck, mit einer Geige spielenden Ziege, und einem verliebten Paar hing über einem großen schwarzen Sofa. Auf der anderen Seite des Raums stand ein blauer Bauernschrank mit Blumenbemalung gegenüber einer großen Regalwand aus vergilbtem Fichtenholz, in dem sich die Taschenbücher übereinanderstapelten.

Er flog kurz über die Titel hinweg und schaute dann durch das Fenster über den Balkon auf die nächste Straßenseite. Es gab keine Gardinen. Die ältere Frau in dem Haus auf der anderen Seite hatte das Fensterputzen eingestellt und freute sich offensichtlich, einen nackten Mann zu sehen. Tim winkte freundlich zurück.

Charlotte kam in einem kurzen Sommerkleid aus dem Badezimmer, stutzte einen Augenblick und kam dann ins Wohnzimmer. »Da hast du einen Fan gefunden«, schmunzelte sie und umarmte ihn fest. Die Dame auf der anderen Straßenseite hob bedauernd die Hände und fuhr mit Fensterputzen fort. »Ein Badetuch liegt auf dem Wannenrand«.

Tim drückte ihr einen Kuss auf die Wange und verschwand im Badezimmer.

Das Shampoo roch ungewohnt nach Aprikose, als seine Gedanken wieder in das Großraumbüro glitten. Es war Samstag, und nur wenige Leute würden an diesem Tag in der Versicherung arbeiten. Charlottes Worte hatten ihn doch neugierig gemacht. Er fragte sich, wie es sein würde, auf dem Sessel des Abteilungsleiters zu sitzen und sich vorzustellen, dieser Mann zu sein, der ihm so unsympathisch war und der ihn so schlecht behandelt hatte. Wie er es auch drehte und wendete, Charlotte hatte recht. Wenn er es nicht ausprobieren würde, dann könnte er es auch nicht wissen.

Nachdem er sich abgetrocknet hatte, verließ er mit dem Handtuch um die Hüften das Badezimmer. Ein Duft nach Kaffee erfüllte den Raum und erinnerte ihn daran, dass er gestern Mittag zum letzten Mal etwas gegessen hatte. Rasch zog er seine Sachen wieder an und ging zu Charlotte in die Küche.

Eine große Tasse mit Kaffee stand dampfend auf einem kleinen Marmortisch, und er setzte sich zu ihr.

»Ich hoffe, du magst Müsli?« Charlotte sah ihn fragend an.

»Ich mag zwar lieber Cornflakes, aber Müsli schmeckt mir auch.« Es war ein schönes Gefühl, mit ihr an einem Tisch zu sitzen und zu frühstücken.

»Es war eine wunderbare Nacht«, sagte sie, als er ihre Hand ergriff und ihre Finger ineinanderglitten.

»Ich danke dir«, erwiderte Tim ihr Lächeln.

Charlotte tat überrascht. »Wofür?«

»Du hast mich schließlich von der Straße gerettet.« Er fühlte, wie kleine Stromstöße durch seine Hand zuckten.

»Was man auf der Straße findet, darf man behalten«, behauptete sie selbstbewusst.

»Gibt es da nicht eine Wartezeit von einem Jahr?« Fragend sah er in ihre grünen Augen, in denen kleine Sterne funkelten.

»Wenn ich dich im Fundbüro abgebe oder wenn es eine Vorbesitzerin gibt.« Der Druck ihrer Hand nahm etwas zu.

»Dieses Fundbüro hier gefällt mir ganz gut, und im Besitz bin ich lange nicht mehr.« Sie hielt seine Hand nur noch sanft, und er verstärkte den Druck seiner Finger. »Und wie ist es mir dir? Gibt es jemanden, der einen Platz in deinem Herzen hat?« Die Formulierung kam ihm sehr altmodisch vor, und doch fiel ihm in diesem Moment nichts Besseres ein.

»Ich dachte, da wäre jemand.« Nachdenklich senkte sie den Blick, um sofort den Kopf wieder zu heben. »Das hat sich erledigt. Ich bin frei.« Sie saß sehr gerade. Ihre Worte waren fest wie ihr Händedruck, der sich schließlich löste und auch seine Hand frei gab.

Er streckte ihr seine leicht gespreizten Finger entgegen, ließ sie ruhig einen Moment in der Luft stehen, in der Hoffnung, dass sie sein Angebot verstehen würde. Ihre offene Hand legte sich auf seine, sanft berührten sich ihre Fingerspitzen.

Sie zog ihre Hand zurück, trank einen Schluck aus der Tasse und lächelte wieder dieses kleine Lächeln, bei dem er das Gefühl hatte, das sie ihn auf den Arm nehmen wollte. »Setzt du dich denn heute auf den Platz des Abteilungsleiters?«

Der Kaffee schmeckte ihm gut. Tim nickte langsam, ruhig und dachte an den Entschluss, den er vorhin im Bett gefasst hatte. »Ich werde es tun.«

Sonst herrschte in der Eingangshalle um diese Zeit emsige Betriebsamkeit, doch an diesem Samstagmorgen waren nur die beiden Pförtner da, die zurückgelehnt hinter dem großen Tresen saßen. Tim erwiderte den Gruß und trug sich dann wortlos in die Liste ein, die ihm einer der beiden Pförtner zu schob. Es waren nur zehn weitere Mitarbeiter aus anderen Abteilungen im Haus, die meisten aus der EDV-Abteilung. Erleichtert schrieb Tim seinen Namen und die Abteilung auf das Papier und schob den Block zu dem Pförtner zurück. Es wäre ihm unangenehm gewesen, einen Kollegen aus seiner Abteilung zu treffen und vielleicht unbegründete Fragen beantworten zu müssen.

Als er aus dem Fahrstuhl trat, war für einen Moment wieder dieses unangenehme Kribbeln da. Die kleinen Härchen auf seinen Armen stellten sich auf, doch das Frösteln verschwand, als er neben der orangenen Stellwand stehen blieb und über den Bereich der Kraftfahrtabteilung blickte. Die Tische waren leer, in den grauen Zwischenablagekisten steckten keine Vorgänge mehr, bis auf seinen Kasten, an dem ein gelber Zettel klebte, den er selbst aus der Entfernung sehen konnte. Tim vermutete, dass die Gruppenleiterin ihn am Montag zum Gespräch zitieren würde. »Sie wissen genau, dass Sie erst nach Hause gehen sollen, wenn die Vorgänge weggeräumt sind!«, hörte er ihre Stimme.

Langsam ging er zwischen Schreibtischen entlang zu seinem Arbeitsplatz, setzte sich auf den Bürostuhl und lehnte sich zurück. Charlotte hatte ihm beim Frühstück kurz erklärt, wie eine Übung mit dem Namen »Wechsel der Wahrnehmungspositionen« ablaufen würde. Er hatte sich einige Notizen auf ein Blatt Papier geschrieben, das nun vor ihm auf dem Schreibtisch lag.

»Wie geht es dir vor deinem Schreibtisch?«, lautete die erste Frage. Schlecht. Die Antwort kam sofort. Es ging ihm schlecht. Er verstand sich nicht mit den Menschen hier und die Menschen verstanden ihn nicht. Die Arbeit war langweilig, deprimierend und nahm ihm die Energie. Er fühlte sich abends erschöpft, obwohl er nicht viel geleistet hatte. Hier wollte er nicht bleiben.

Dieser Teil der Aufgabe war sehr einfach. Merkwürdigerweise hatte Charlotte ihm empfohlen, nur fünf Minuten über sich selbst nachzudenken und dann zum Eingang der Abteilung zu gehen, um sich die schönste Deckenlampe auszusuchen. Als er wieder am Eingang der Abteilung stand, wurde ihm klar, dass die Deckenlampen alle gleich aussahen. Sie waren ungefähr einen Meter lang, hatten silberne Reflektoren und eine weiße Neonröhre in der Mitte.

Kopfschüttelnd schaute er auf den Notizzettel und ging langsam auf den Platz des Abteilungsleiters zu. Sein Unbehagen wuchs, je näher er dem Platz kam. Es war fast so, als ob der Abteilungsleiter auf dem Platz sitzen und Widerstand leisten würde, als ob er etwas dagegen hätte, dass Tim sich auf seinen Platz setzen wollte. Mit großer Anstrengung setzte er sich auf den Bürostuhl, der eine etwas höhere Lehne hatte und recht weich nach wippte. Das Unbehagen blieb, die Perspektive hatte gewechselt. Von diesem Platz aus konnte er die gesamte Abteilung überblicken und jederzeit kontrollieren, ob jemand arbeitete oder nur so tat.

»Wie geht es dir auf diesem Platz als Abteilungsleiter?« Charlottes Worte klangen in seinen Ohren nach. Sie hatte ihm auch gesagt, dass er die Körperhaltung des Mannes nachahmen sollte und Tim erinnerte sich daran, wie der Abteilungsleiter bei einem Gespräch mit den Gruppenleitern ausgesehen hatte. Mit dem Rücken legte er sich zurück in die Lehne des Bürostuhls, legte die Hände hinter den Kopf und stellte sich vor, er wäre auf diesem Platz der Abteilungsleiter und die Gruppenleiter würden vor ihm sitzen. »Wie geht es dir als Abteilungsleiter«, hatte Charlotte gefragt. Seine Antwort sollte er mit »Ich als Abteilungsleiter …« beginnen.

Leise hörte Abteilungsleiter-Tim eine Stimme. »Müller-Schütthoff ist ein Weichei«, hörte Tim ohne Erstaunen. »Wiedehöft sägt an meinem Stuhl«, fuhr die Stimme fort, »das schafft er aber nicht, auch wenn sein Onkel Abteilungsdirektor in der Lebensversicherung ist. Dafür ist er nicht clever genug.«

Der Teil von Tim, der noch Tim war, wurde sehr neugierig. Er veränderte die Haltung und beugte sich nach vorn, so wie der Mann gesessen hatte, als er das Gespräch mit der Gruppenleiterin und ihm führte. »Dass die Möller den Schubert nicht in den Griff kriegt, verstehe ich nicht. Die ist doch sonst so ein Terrier. Der Schubert ist auch zu blöd. Ein richtiger Träumer. Hält den ganzen Laden auf. Ich schmeiße ihn raus.«

Mit einem Ruck stand Tim auf und rannte zur orangenen Stellwand. »Tief durchatmen«, hatte Charlotte gesagt, »und die schönste Grünpflanze aussuchen«. Mit den Fingern krallte er sich in den rauen Stoff der Stellwand, bis ihm die Fingerspitzen weh taten und sein Atem wieder ruhiger wurde. Der Schock über die deutlichen Worte in seinem Kopf wich langsam einer sehr angenehmen Erkenntnis. Wenn das wahr wäre, was er gerade eben erfahren hatte, dann hatte er eine besondere Begabung an sich entdeckt, von der er noch nicht einmal geträumt hatte. Neugierig schaute er wieder zu dem Platz des Abteilungsleiters hinüber, der jetzt viel einladender wirkte, obwohl er noch den Widerstand spürte.

Er ging hinüber, setzte sich wieder in den Sessel hinein und überlegte sich, welche Fragen noch interessant wären. Welches Verhältnis hatte der Abteilungsleiter zu seinen Mitarbeitern? Tim lehnte sich erneut zurück, fühlte den Druck der Lehne im Rücken und verschränkte die Hände hinter dem Kopf. »Werkzeuge.« Die Stimme war eindringlich, sehr deutlich. »Sie sind Werkzeuge für meinen Erfolg und meine Karriere. Sie interessieren mich nur, wenn Sie mir helfen können, Abteilungsdirektor und Vorstand zu werden.«

Ein Teil von Tim war angewidert, wollte heraus aus der Situation, und ein anderer Teil, der noch stärker war, wollte mehr wissen und noch mehr erfahren. »Wie geht es mir als Abteilungsleiter privat?«, wollte er wissen. Auf beiden Seiten der Schläfen baute sich ein starker Druck auf, heftige Kopfschmerzen durchzuckten seinen Kopf, sein Kiefer verkrampfte sich.

Tim sprang auf und ging zur Stellwand zurück. »Ich bin Tim, ich bin ich, ich bin heil und ganz«, waren die Worte, die Charlotte ihm noch mitgegeben hatte. »Stell dir vor, du gehst mit deinem Körper und Geist danach durch eine Waschanlage.«

Mit einem tiefen Atemzug erinnerte er sich an die Dekontaminationsanlage, durch die er bei einer Bundeswehrübung gehen musste. Hastig trat er in den grünen Schlauch aus Zelten. Er sah die Soldaten in den grünen Schutzanzügen aus Gummi. Wasser rauschte, er spürte die Seife auf der Haut und den scharfen Wasserstrahl des Kompressors, der alle grauen Persönlichkeitsanteile des Abteilungsleiters wegspülte und in einem Tank als Sondermüll sammelte, bis er nur noch selbst übrig blieb. Mit einigen Schritten in den Raum hinein trocknete er sich wieder und verließ die Vorstellung der Anlage, die sich hinter ihm auflöste. Graue Schemen zogen an ihm vorbei und verschmolzen mit dem Stuhl des Abteilungsleiters.

Musste er so denken, um Abteilungsleiter zu werden? Musste er so werden, damit er in der Lage war, eine Führungsposition zu übernehmen? Alles in ihm reagierte ablehnend auf diesen Mann, denn er wollte nie so werden und er konnte auch nicht so denken. Außerdem hatte er während seiner Ausbildungszeit andere Abteilungsleiter kennen gelernt, die sehr nett waren und die freundlich und sachlich reagierten, wenn er einen Fehler gemacht hatte. Tim zog den Schluss, dass es sich bei diesem Abteilungsleiter um eine Ausnahme handelte und er einfach Pech hatte, hier zu sein.

»Wie würde ein unbeteiligter Dritter deine Situation einschätzen?« Diese Frage war für Tim überflüssig. Wenn er eine andere Meinung hören wollte, dann könnte er gleich sie fragen, hatte er am Frühstückstisch gesagt. Charlotte hatte kopfschüttelnd widersprochen und ihm erklärt, dass er selbst die andere Meinung erleben sollte.

Er ging hinüber zur Haftpflichtabteilung, in der die Schreibtische ähnlich dicht gedrängt standen wie in der Kraftfahrtabteilung. Erstaunt stellte er fest, dass es mehr Grünpflanzen gab und der Platz des Abteilungsleiters nur einen geringen Abstand zu den anderen Arbeitsplätzen hielt. Über einen der grauen Aktenschränke, die die Grenze zwischen den Abteilungen bildeten, konnte er den Raum seiner Arbeitsgruppe erkennen. Das unangenehme Gefühl, dass er hatte, wenn er auf seinem Stuhl saß, war schwächer, aber immer noch vorhanden. Am liebsten hätte er den Ort ganz verlassen, schließlich war Samstag, und er musste nicht hier sein. Wieso wollte Charlotte, dass er bei einem schlechten Gefühl die Stelle an seinem Arm streichelte, die sie im Café leicht gedrückt hatte? Später, in ihrem Bett, hatte sie noch ganz andere Stellen gestreichelt, mit denen beide viel mehr Spaß hatten. Etwas unheimlich war Charlotte ihm schon, aber sie weckte eine große Neugier und den Wunsch in ihm, mehr von dem zu erfahren, was sie eindrucksvoll beherrschte.

Nachdem er die Stelle an seinem Arm berührt hatte, verschwand das unangenehme Gefühl. Wie würde ein unbeteiligter Dritter seine Situation beurteilen? Charlotte hatte am Frühstückstisch bedauert, dass sie nur so wenig Zeit hatten, um die Forschungsreise, wie sie sie genannt hatte, vor zu bereiten. Tim hatte sie nicht gefragt, ob der unbeteiligte Dritte eine reale Person sein oder ob er sich einfach jemanden vorstellen sollte. Für einen Moment meinte er, dass Charlotte neben ihm stehen würde, doch sie schüttelte den Kopf, als ob sie diese Rolle nicht übernehmen wollte. Er entschloss sich, selbst in die Rolle eines Dritten zu schlüpfen, und ließ den Blick über die Schreibtische gleiten.

Eine unerklärliche Ruhe erfüllte ihn, verbunden mit einer ungewohnten Leichtigkeit und Klarheit. Erstaunt blickte er über den Aktenschrank, sah sich selbst dort sitzen, die Gruppenleiterin, die Menschen, die sich wie in einem Zeitraffer rasend schnell bewegten, während er sich selbst still sitzen sah. Das Bild wurde zu einem Standbild, die Kollegen erstarrten mitten in der Bewegung, während sein eigenes Abbild aufstand und zu dem Aktenschrank mit den Wiedervorlagen ging. Es passte nicht, war nicht harmonisch. Als unabhängiger Beobachter stellte er fest, dass der Tim dort und die Menschen auf dieser Etage in unterschiedlichen Welten bewegten, die Lichtjahre voneinander entfernt waren und auf unterschiedlichen Ebenen der Zeit existierten. Eine Zusammenarbeit, ein gemeinsames Arbeiten war nicht möglich und war auch nicht sinnvoll. Der unbeteiligte Dritte gab dem Tim dort mit einem festen, starken Gefühl den Rat, sich eine andere Aufgabe zu suchen - eine Aufgabe, die ihn erfüllen würde, mit der er glücklich sein konnte.

In seiner Brust, dicht unter seinem Hals, fühlte er die Quelle des Gefühls, das sich nun fest, stark und warm ausbreitete, in jede Zelle seines Körpers eindrang und wie ein neuer Pulsschlag mit jedem Schlag seines Herzens stärker wurde, bis es unter dem ungeheuren Druck des Wissens um die Wahrheit aus seinen Poren austrat und ihn umhüllte wie ein Kokon aus Licht, aus reiner Energie. Seine Muskeln spannten sich und zogen ihn nach oben, bis er sehr gerade stand, entschlossen und kraftvoll.

Langsam setzte er sich in Bewegung, setzte Schritt vor Schritt, ging zwischen den Schreibtischen hindurch und verließ die Etage über das Treppenhaus. Das Dämmerlicht in der Eingangshalle erschien heller, als er vor den Pförtnern die Liste mit seinem Namen und der Uhrzeit abzeichnete. Mit Schwung drückte er die schweren Glastüren auf, die sich in die Weite des Nachmittags öffneten.

Ein Gespräch mit dem Tod

Die Tür schabt laut über dem Boden, und ich zucke ein wenig zusammen. Der nächste Teilnehmer an der Gesundheitstrance kommt herein und sucht sich einen Platz in dem kleinen Raum. Die Teilnehmer des Seminars lehnen an den Wänden, sitzen auf den Barhockern oder haben einen der wenigen Campingsessel bekommen.

Haben sich alle Blicke auf mich gerichtet, oder soll ich es genießen, im Mittelpunkt des Interesses zu sein? Mein Herz klopft laut und schnell, und mir ist noch nicht so ganz klar, wie ich aus diesem Zustand in eine Trance kommen soll. Ich sitze auf dem Sofa, mein rechter Arm liegt auf dem zusammengerollten Deckbett, und mit der linken Hand stütze ich mich auf das Kopfkissen.

Karin sitzt auf dem blauen Cordsessel neben mir. Sie hat die Beine übereinandergeschlagen, und durch die Knopfleiste ihres

Rockes streckt sich mir ihr Schienbein entgegen. Auf die Arme gestützt, hat sie ihren Oberkörper zu mir gebeugt und lächelt mich an. Den Kopf hat sie leicht nach rechts gelegt, es ist ihre Haltung, mit der sie mir zeigt, dass sie ganz und gar auf mich konzentriert ist – und dass alles gut wird.

»Nun, Georg, heute Abend möchtest Du in eine Gesundheitstrance gehen. Wie ist das denn mit Deinen Allergien. Welche Allergien hast Du denn?« Karin dreht ihren Kopf weiter zu mir.

»Ich habe die Allergien, seit ich 12 Jahre alt bin. Seitdem bin ich gegen Gräser und Roggen allergisch. Und seit ich 30 bin, auch noch gegen Birke.«

Karin nickt verständnisvoll. »Und wie äußert sich das?«

Ich spüre wieder das leichte Jucken in der Nase. »Meine Schleimhäute schwellen an, und ich bekomme schlecht Luft. Die Nase läuft, und ich fühle mich, als ob ich eine ordentliche Grippe habe. Ich habe dann kaum Energie, und die Arbeit fällt mir schwer.«

»Stell Dir einmal vor, Du hättest keine Allergien mehr. Wie wäre das?«

»Wunderbar. Ich würde mich im Frühjahr richtig gut fühlen.«

Sie schaut mich mit ihren großen Augen an. »Was wäre Dir denn möglich, wenn Du keine Allergien mehr hättest?«

Meine Nase juckt. »Meine Kinder würden sich freuen. Ich könnte mit ihnen draußen Fußball spielen und Fahrradtouren machen. Das würde ihnen gefallen.«

Mir fällt auf, dass Karin große und braune Augen hat. »Und was würde Deine Frau dazu sagen, dass Du keine Allergien mehr hast?«

»Die würde sich freuen, denn dann müsste sie den Rasen nicht mehr mähen.« Jemand im Hintergrund atmet laut. Ich glaube, dass ein Lachen unterdrückt wird.

Wie immer bleibt Karin vollkommen unbeeindruckt, freundlich und professionell. »Wäre das für dich in Ordnung, wenn du den Rasen mähen würdest – anstelle von deiner Frau?«

Ich muss grinsen. »Das ist in Ordnung. Wenn ich die Allergie loswerde, mache ich das gerne.«

»Und was wäre mit deinen Eltern, Deinen Schwiegereltern? Wie wäre es für sie, wenn Du keine Allergie mehr hättest?«

»Die würden sich freuen.« Meine Nase juckt nicht mehr.

»Und was könntest Du dann?«

»Ich könnte endlich konzentriert arbeiten. Es wäre nicht so anstrengend.«

»Und was wärest Du dann?« Sie lächelt mich an.

»Ich wäre befreit, ich wäre frei, alles zu tun, was ich gerne möchte.« Karin nickt zum ersten Mal.

»Und was meinst Du, zu wie viel Prozent bist du dir sicher, dass du die Allergie nicht mehr haben möchtest?«

Ich überlege kurz. »Zu 128 Prozent.« Karin nickt.

»Gibt es irgendwelche Einwände in Dir, vielleicht eine Stimme, oder irgendetwas anderes?«

»Nein, keine. Eine Stimme sagt, dass ich keinen Herzstillstand haben möchte. Aber die Stimme entschuldigt sich und meint, sie hätte übertrieben.« Ich sehe Karin an und höre, dass einige der Zuhörer erschreckt einatmen.

Ungerührt schaut Karin zurück und nickt. »Ich werde das ernst nehmen.«

»Und was möchtest Du gerne jetzt tun?«

»Ich möchte zum Allergiezentrum des vegetativen Nervensystems reisen und dort eine Verhandlung führen. Aber auch Informationen einholen.«

»Welche Informationen möchtest Du haben?«

»Wie die Allergie entstanden ist und wie sie wieder verschwinden kann.«.

»Du willst also hauptsächlich Informationen über deine Allergien einholen.« Mein Nicken reicht ihr als Bestätigung.

Karin hebt eine Hand. »Dann leg Dich jetzt bitte hin.«

Ich strecke mich auf der Couch aus und lege das Deckbett über mich. Wie immer bin ich irgendwie zu lang für so eine Urlaubsappartementcouch, und das Kopfkissen winkelt meinen Nacken ungünstig nach oben. Ich drehe mich, recke und strecke mich, räkele mich und finde schließlich doch noch eine günstige Position, in der ich bequem liegen kann.

»Liegst Du jetzt richtig bequem?« Das will Karin wissen, und ich bestätige es. Mein Herz klopft wieder in seinem eigenen, machtvollen Takt und ich frage mich erneut, ob ich wohl jemals in eine Trance kommen kann, bei so einer Aufregung.

Wenn eine Stimme zu einer leichten Sommerbrise wird, die über die Seele hinweg fährt und sie streichelt, bis die Seele so leicht wird, dass ihr alles Schöne und Gute möglich ist, sie mit einem Hauch aus dem Körper entschweben kann, und doch an ihm verhaftet bleibt, dann ist dieser magische Ort erreicht, das Dazwischen, in dem das höchste Glück möglich ist und es für alles eine wunderbare Lösung gibt, egal was es ist. Ihre Stimme geleitet mich an diesen Ort der großen Wunder, aber nicht ganz so, wie ich mir es vorgestellt hatte.

»Vielleicht warst Du schon einmal in Trance und magst Dir vorstellen, was du damals gesehen hast. Vielleicht erinnerst Du Dich auch daran, was Du gehört hast, und an dieses wunderbare Gefühl, dass Du dabei hattest. Und die Matratze, auf der Du liegst, ist stark und wundervoll, und sie zieht dich an und trägt dich, und du weißt, dass du auf dieser Matratze ganz sicher bist und es dir sehr gut geht. Und wenn Du dann in der Trance bist, dann nimm bitte auf Deine ganz eigene Art Kontakt mit Deiner Allergie auf.«

Ich weiß, dass ich als winziger Punkt inmitten meines Gesichts stehe. Ich habe meinen grauen Anzug mit der Weste und der silbernen Krawatte an und meine schwarze Mappe in der Hand. Zugleich ist mir auch bewusst, dass ich auf dem Sofa liege, und dass Karin neben meinem Kopf sitzt, doch das alles zu wissen, ist unwichtig.

»Ich stehe vor einem Telefon.« Meine Stimme ist sehr leise, und doch scheint sie laut genug, dass Karin sie hören kann.

»Und was möchtest Du tun?«

»Ich rufe die Zentrale an, damit ich abgeholt werde.«

»Möchtest Du das?«

»Ja.«

»Dann tu es bitte.«

Das Telefon ist schwarz und hat eine Wählscheibe. Es besteht aus dem schwarzen Plastikmaterial, aus dem früher immer die Telefone hergestellt wurden.

Ich wähle die 562 und sage es gleichzeitig. Es gibt ein Freizeichen, dann meldet sich der nächste Nervenknotenpunkt. »Sie wünschen bitte?«

Mein Herz schlägt immer noch stark und ich rede alles mit, damit die anderen es hören können.

»Repräsentation des Bewusstseins. Ich habe einen Termin in der Zentrale des vegetativen Nervensystems und möchte abgeholt werden.«

Die Stimme am anderen Ende der Leitung schweigt einen Augenblick. »In Ordnung, wir schicken jemanden.« Das Freizeichen erklingt wieder, und ich lege auf.

»Ist es für Dich in Ordnung, dass Du abgeholt wirst«, fragt Karin eindringlich.

»Das ist in Ordnung«, flüstere ich.

Neben dem Telefon ist ein rundes Eingangstor, das von einer schwarzen Stahlrosette verschlossen ist. Die einzelnen Scheiben der Rosette verschwinden in der Wand, und ich trete in einen Bahnhof hinein. Weiße Fliesen geben der Wand und dem Boden ein steriles Aussehen, und es ist etwas kalt.

»Wo bist Du, Georg?«

»Ich bin in einem Bahnhof. Auf dem Gleis steht eine Magnetschwebebahn. Die Tür geht auf, und ich steige ein.«

»Ist das in Ordnung für Dich, Georg? Ist jemand in der Magnetschwebebahn?«

»Ja, ein Mann in einem weißen Kittel. Er stellt sich vor. Er heißt Herr Tim, Pardon, Dr. Tim. Er hat zwei Wachen dabei.«

»Ist es in Ordnung, dass er Wachen dabei hat?«

»Das ist hier die normale Standardprozedur.«

»Und wieso wirst Du von Dr. Tim abgeholt?«

»Dr. Tim ist der Koordinator für die Gene. Er hat mich abgeholt, weil Du ja Fragen zu den Genen hattest und eventuell den Zellkern anschauen willst. Ich finde das nett.«

Ruckartig schließen sich die Türen, und die Magnetschwebebahn setzt sich mit geräuschlos in Bewegung. Durch die zunehmende Geschwindigkeit verschwimmen die Lichter der Neonröhren an den Wänden Es ist ein relativ kleines Fahrzeug mit nur zwei Sitzreihen. Die vordere Sitzbank ist aus weißem Plastik und geht von einer Seite des Fahrzeugs zur anderen durch. Einzelne Sitzbereiche sind mit einem dünnen, hellblauen Polster aus Stoff versehen. Jede Bank hat drei Sitze, aber keine Sicherheitsgurte, und so setze ich mich längs auf die Bank und lege einen Arm auf die Lehne, damit ich mich mit Dr. Tim besser unterhalten kann.

Er ist recht schweigsam und reagiert kaum auf meine Fragen. »Sie werden in der Zentrale alles erfahren, was Sie wissen möchten. Bitte haben Sie etwas Geduld.«

Sein Blick geht aus dem Fenster hinaus. Links und rechts neben ihm sitzen Wachen. Ihre Stahlhelme, die Uniform und die Zubehörteile sind schwarz, und sie tragen schwarze Schutzbrillen. Auf den Knien stehen die Energiegewehr mit der Mündung zur Decke, und ich weiß, dass diese Jungs ziemlich einsatzfreudig sind.

»Wo bist Du jetzt, Georg?«

Ich schaue aus dem Fenster. Die weißen Neonröhren haben sich zu einem leuchtenden Band vereint, denn die Magnetschwebebahn hat ein hohes Tempo erreicht.

»Wir fahren immer noch durch den Tunnel«, teile ich Karin mit.

Wieso dauert die Fahrt so lange? Ich bin etwas beunruhigt, entschließe mich aber, dies Karin nicht mitzuteilen. Dr. Tim ist immer noch schweigsam. Es ist ziemlich dunkel im Abteil, und ich kann das Gesicht von Dr. Tim nicht richtig erkennen.

Endlich wird der Zug langsamer und fährt in einen Bahnhof hinein, der auch mit weißen, großen Fliesen gekachelt ist. Auf dem Bahnsteig stehen drei Herren in weißen Laborkitteln. Als die Tür zischend zur Seite weg schwingt, steige ich aus, gehe auf die drei Herren zu und stelle mich vor, ohne dass Karin mithören kann, denn es geht alles sehr schnell, und Sprache bedeutet Langsamkeit.

Ein fester Händedruck kommt mir entgegen, und ich erwidere den Druck eben so fest.

»Ich freue mich sehr, sie kennen zu lernen. Ich bin die Repräsentation des Bewusstseins und möchte mich gern mit Ihnen über die Allergien unterhalten«.

»Ich freue mich ebenfalls.« Dr. Samek lässt meine Hand los. »Wir sollten erst diese Station verlassen und in einen Besprechungsraum gehen. Dort werden wir Ihnen gern alle Fragen beantworten.«

Dr. Samek hat graumeliertes Haar und ist ungefähr einen Meter und siebzig Zentimeter groß. Mit einer ausholenden Handbewegung stellt er den nächsten Mann vor.

»Herr Professor Borum.« Ich schüttele die behaarte und kräftige Hand des Mannes, und schaue ihm in die schwarzen Augen. »Angenehm.«

Borum ist leicht untersetzt und die Haare auf seinem Kopf sind etwas spärlich. Er macht auf mich einen sehr kompetenten Eindruck und weist mit einer ähnlichen Handbewegung wie Samek auf den neben ihm stehenden Mann: »Mein Stellvertreter, Dr. Annan.«

Annans Hand ist leicht verschwitzt, als ob er sich nicht wohl fühlen würde. Sein Kopf dreht sich ruckartig hin und her. »Wir sollten hier nicht so lange bleiben, es ist nirgendwo richtig sicher. Sehr erfreut.«

»Georg, wo bist Du?«

»Ich bin angekommen und habe gerade Herrn Annan, pardon, Dr. Annan, Professor Borum und Herrn Dr. Samek begrüßt. Sie sind die Leiter des vegetativen Nervensystems.«

»Ist das für Dich in Ordnung, dass die Leute da sind?«

»Alles in Ordnung, Karin.«

Dr. Annan geht in die Richtung eines Rosettentores, und Professor Borum deutet mir mit einer Handbewegung an, ihm zu folgen. Hinter uns gehen Doktor Samek und die beiden Wachen durch das Rosettentor hindurch. Wir treten in einen grau gestrichenen Tunnel, an dessen Wänden die gleichen Lampen hängen wie im Tunnel der Schwebebahn. Auf dem Betonboden hallen unsere Schritte, und ich halte meine schwarze Mappe fest in der Hand.

Der Weg kommt mir ziemlich lang vor, und schließlich durch scheiten wir ein weiteres Rosettentor, dass sich leise zischend hinter den Wachen und Dr. Annan schließt.

»Wo bist Du jetzt, Georg?«

Doktor Samek erklärt mir, dass wir uns im Kontrollraum der Zentrale des vegetativen Nervensystems befinden, und ich gebe die Information an Karin weiter. Auf einmal habe ich in meinem Körper das Gefühl, dass ich nicht genug Luft bekomme, und ich atme tief ein und aus. Während ich mit Karin rede, sind meine Begleiter stehen geblieben und hören interessiert zu.

Ich beschreibe Karin, was ich sehe. »Hier gibt es viele Bildschirmarbeitsplätze, an denen Männer und Frauen arbeiten. Das ist schön, dass es auch im vegetativen Nervensystem

Gleichberechtigung gibt. Dies ist der Ort, an dem alle Abläufe im Nervensystem und den angeschlossenen Organen koordiniert werden.«

»Ist das für Dich in Ordnung, Georg?«

»Ja, es ist sehr interessant.« Tief atme ich ein und aus, bevor ich antworte.

An der Stirnseite des großen Raumes ist ein riesiger Bildschirm angebracht, der in verschiedene Anzeigebereiche aufgeteilt ist. Unterschiedliche Bildausschnitte zeigen Orte im Körper, eine Anzeige erinnert mich an eine Risszeichnung von einem Bakterium. Am unteren Ende des Bildschirmes sind drei Laufbänder, über die Zahlen und Buchstabenkombinationen gleiten, deren Sinn ich nicht verstehe.

Diesmal fordert mich Dr. Samek mit einer Handbewegung auf, weiter zu gehen. Wir durchqueren das Kontrollzentrum und kommen zu einer Glastür, hinter der ein grün gestrichener Korridor zu sehen ist. An der Stirnseite des Korridors steht ein Tisch mit einer Blumenvase und frischen Schnittblumen, an der Wand hängt ein Stillleben mit Blumen.

Wir gehen links an dem Tisch vorbei zu einer großen, ebenfalls grün gestrichenen Tür mit einem schwarzen Plastikgriff. In Augenhöhe klebt rechts neben der Tür ein Schild mit der Aufschrift Besprechungsraum. Dr. Annan drückt auf die Klinke, und Professor Borum steht hinter mir und bittet mich mit einer Handbewegung einzutreten. Plötzlich reißt Dr. Annan die Tür auf, und Professor Borum schubst mich mit großer Kraft in den Raum, so dass ich stolpere und auf den Boden falle. Noch auf dem Boden sitzend, höre ich ein höhnisches Lachen hinter der Tür, und ich reibe mir mein schmerzendes Knie. Damit hatte ich nicht gerechnet. Ich gehe zur Tür und hämmere dagegen, doch ich kann die Tür nicht öffnen, denn es gibt keinen Griff auf dieser Seite. Der Raum ist ungefähr zwanzig Quadratmeter groß, und in der Decke ist ein quadratisches Loch. In dem Moment, in dem ich zu dem Loch schaue, bildet sich eine Leiter, die vom Boden bis zu dem Loch reicht. Eine Liane fällt plötzlich durch das Loch, und ich höre das Gebrüll großer Tiere.

»Wo bist Du Georg?«

»Es ist etwas Merkwürdiges geschehen. Die haben mich in einem Raum geschubst, und ich komme nicht mehr heraus. Die Tür ist zu, und in der Decke ist ein Loch, und ich habe Angst, durch das Loch durch zugehen.«

Karins Stimme wird sehr fest und drängend. »Georg, ich möchte nicht, dass Du durch das Loch gehst.«

»Ich kann aber nirgendwo anders lang.«

»Georg, geh bitte nicht durch das Loch!«

Hinter der Tür passiert irgendetwas.

»Warte bitte, Karin, ich muss erst den Raum sichern. Dann setze ich mich auf den Boden und wir können reden.«

Ich verschließe zuerst die Tür und dann die Wände mit einer Handbewegung. Das grüne Sicherheitskraftfeld umgibt nun den ganzen Raum, und ich fühle mich sicher. Ich sitze auf dem Boden und nehme mit Karin Kontakt auf.

»Ich muss nachsehen, was da oben ist.«

»Georg, ich möchte nicht, dass Du nach oben gehst.«

»Ich werde es ganz vorsichtig tun, mit einem Periskop.«

»In Ordnung, aber sei ganz vorsichtig.«

Ich atme wieder tief ein und aus. Dann erschaffe ich mit meinem Willen einen großen Waffenschrank gegenüber der Tür. Ich öffne die metallenen Flügeltüren und entnehme die Weste für den Sicherheitsschutzschirm, eine großkalibrige Pumpgun mit reichlich Munition.

Nachdem ich die Pumpgun gefüllt habe, nehme ich noch den Vereisungsstrahler. Hinter der Türe höre ich das Knacken von Metall, als ob jemand einen Bohrer ansetzt, um hereinzukommen. Ich entferne kurz das grüne Energiefeld und jage drei Schüsse in die Tür, Jemand schreit, und es scheppert. Das sollte reichen. Ich beschließe, Karin nichts davon zu erzählen. Sie soll sich nicht unnötig beunruhigen.

»Was tust Du jetzt, Georg.«

»Ich fahre das Periskop aus und schaue durch das Loch. Ich bin unten auf der Treppe und in Sicherheit.«

»Was siehst Du?«

»Da ist ein Dschungel, mit Farnen und großen Bäumen. Ich sehe eine große Schlange und noch etwas anderes.«

»Kannst Du erkennen, was das andere ist?«

»Ich schaue.« Wieder muss ich tief ein und ausatmen. »Es ist eine Art Drache. Die Schlange züngelt auf das Loch zu. Ich muss zurück.«

»Ich möchte, dass du dich in Sicherheit bringst.«

»Ich bin in Sicherheit.« Rückwärts gehe ich bis zu der Seite des Raumes, die dem Loch gegenüberliegt und aktiviere den Vereisungsstrahler. Eine meterlange Zunge erscheint in dem Loch und schlängelt sich hin und her, versucht, meinen Standort zu finden. Ich stelle den Vereisungsstrahler auf 3 von 10 und der weiße Strahl überzieht die Zunge mit Raureif. Mit einem

Schrei wird die Zunge wieder aus dem Loch gezogen, und ich höre, wie die Schlange raschelnd im Dickicht verschwindet.

»Karin, ich muss das Gebiet erforschen.«

»Georg, ich möchte nicht, dass Du aus dem Raum herausgehst.«

»Ich werde nicht aus dem Raum rausgehen. Ich benutze einen Miniaturaufklärungsflieger, den ich in meinem Waffenschrank habe. Der hat eine kleine Kamera und eine Fernsteuerungseinheit mit Bildschirm, damit ich alles sehen kann.«

»Dann kannst Du es versuchen.«

Flieger und Fernsteuerungseinheit sind noch in Kartons verpackt, die ich aufreiße und dann beides nacheinander auspacke. Ich nehme zwei Energiepacks aus dem Schrank, baue sie in die Fernsteuerung und den Flieger ein und aktiviere beide. Dann hänge ich mir die Fernsteuerung um, trete unter das Loch und starte den Propeller. Der Aufklärungsflieger rast aus dem Loch und gewinnt rasch an Höhe.

Ich starte mit dem Flieger mit, und eine leere Hülle von mir bleibt im Raum zurück. Rasch gewinne ich an Höhe und sehe ein weites und grenzenloses Dschungelgebiet unter mir. Zwischen den Baumriesen und gigantischen Farnen steht ein Dinosaurier und reißt mit seinem Maul ein Stück von einem Farnwedel ab, um es dann zu genüsslich zu kauen. Gleichzeitig bin ich nah und weit entfernt. Eine große Gestalt läuft durch den Dschungel, und ich erkenne einen Tyrannosaurus Rex, der sich langsam und vorsichtig zwischen den Bäumen hindurch bewegt.

»Wo bist Du jetzt, Georg.«

»Ich fliege über einen endlosen Dschungel, in dem sich große Dinosaurier und Schlangen befinden.«

»Ist das für Dich in Ordnung?«

»Es geht mir gut.«

Ich fliege weiter über den Dschungel und nähere mich dem großen Tyrannosaurus Rex, der zwischen den Bäumen hindurch schleicht, eine große Schlange liegt vor ihm in der Sonne, hat ihn aber nicht bemerkt. Ich fliege in einem Kreis näher an ihn heran und wechsle in seinen Körper hinein, spüre die unbändige Kraft in mir, die Klauen an den Füßen, meine Muskeln vibrieren vor Kraft, mein Maul reiße ich weit auf und bin mir bewusst, dass die Zähne wie Dolche sind und dazu da, um große Stücke blutenden Fleisches aus einem anderen Körper zu reißen, zu zerfetzen, zu verschlingen, und meinen Hunger nach Gewalt und Blut zu stillen. Meine Hände sind Klauen, und ich spüre in der Realität, dass sie eingeschlafen sind, schiebe sie herunter von meiner Brust zu meinem Gürtel, und krümme die Klauen mehrmals zusammen, damit sie wieder durchblutet werden.

Nahe der Schlange richte ich mich auf, reiße die Kiefer auf, und ein tiefes Grollen entsteht in meinem Körper, fließt aus meinem Bauch wie ein Sturm durch meine Kehle und wird zu einem Schrei, der den Dschungel erzittern lässt. Die Schlange schreckt auf, als ich mich auf sie stürze und versuche, meine Zähne in ihr Fleisch zu schlagen. Doch ihre Haut ist fest und ihr Körper wie Gummi, denn ich weiß, dass auch die Schlange ein Teil von mir ist, den ich liebe und akzeptiere, den ich nicht beschädigen und schon gar nicht vernichten will, und so rutschen meine Zähne über ihre Haut, ohne sie zu verletzen, und sie windet sich um mich, zischt, zieht sich zusammen und drückt mich, ohne mich zu verletzen.

Karin bricht das Schweigen. »Was tust Du, Georg?«

»Ich bin ein Tyrannosaurus Rex und kämpfe mit einer Schlange. Aber wir verletzen uns nicht, es ist in Ordnung.«

Ich wechsle wieder in den Flieger und fliege über den Dschungel, während sich der Tyrannosaurus und die Schlange zischend und fauchen voneinander trennen. Eine Weile genieße ich die Aussicht über das grüne Meer, von dem dampfend die Feuchtigkeit aufsteigt und einen dünnen Nebel bildet. In der Ferne sehe ich einen leuchtenden Punkt, meine Neugierde ist geweckt, und ich fliege auf ihn zu.

»Ich bin wieder der Flieger und sehe eine Pagode.« Ich brauche Karins Stimme.

»Möchtest Du zu der Pagode fliegen?«

»Ja, ich bin sehr neugierig.«

Zügig nähere ich mich der Pagode, an die der Dschungel hereinreicht. Und doch ist sie nicht von Lianen überwachsen, ihre Oberfläche ist glatt und leuchtend. Über einer größeren Halbkugel sitzt eine kleinere, und auf dieser ist wieder eine kleinere, auf der ein kleiner Turm steht, der gerade Platz für einige wenige Personen bietet. Ich nähere mich in einem Halbkreis, und kreise dann in einer immer enger werdenden Kurve um den Turm. Nahe herangekommen, sehe ich, dass eine Person auf dem Turm steht, eine Person mit einer schwarzen Kutte. Weiße, knochige Hände halten eine Sense, und unter der Kapuze sehe einen Schädel leuchten. Fast panisch drehe ich ab und fliege wieder von dem Turm weg.

»Ich will da nicht hin.«

»Wieso nicht?«

»Auf der Pagode steht ein Turm und in dem Turm steht der Tod.«

»Du musst dort nicht hinfliegen.«

Weg von der Pagode will ich, und doch werde ich magisch hingezogen, will mich entziehen und kann es doch nicht, wackle mit den Flügeln, drehe dann nach links und fliege in einem immer enger werdenden Kreis auf die Pagode zu.

Ich bin der Tod. Der Flieger erweitert seinen Kreis und fliegt in größerem Abstand um die Pagode.

»Ich bin jetzt der Tod.«

»Kann ich Dir einige Fragen stellen?« Wie kann Karin nur so ruhig bleiben, wenn sie mit dem Tod spricht?

»Ja, das kannst Du.« Mein Brustkorb hebt sich und saugt große Mengen von Luft in sich hinein, senkt sich machtvoll und presst die Luft laut wieder heraus.

»Du bist der Tod. Was ist Deine Aufgabe bei Georg?«

»Ich bin der Tod. Der Anfang und das Ende. Ich bin das Alles und das Nichts.« Meine Stimme ist ruhig und gleichmäßig, dunkel und kräftig, denn die Luft für die Stimme kommt tief aus meinem Inneren.

»Kannst Du mir etwas über diesen Dschungel sagen? Wozu ist er gut?«

»Dieser Dschungel ist da, seitdem der Mensch zum ersten Mal einen Stein auf ein Tier geworfen hat, um es zu essen. Es ist der älteste Platz im Menschen. Es ist die Wildnis, die in Georg ist.« Der Holzstab der Sense fühlt sich kühl an. Meine Hände bestehen gleichzeitig aus Knochen und aus reiner Energie.

Wieder fühle ich, wie mein Brustkorb sich übermäßig füllt und wieder senkt.

»Was würde Georg bei den Allergien helfen?«

»Das Aussprechen seiner Wut, das Aussprechen seiner zurückgehaltenen Konflikte. Laufen und Boxen.«

»Wieso könnte Laufen ihm helfen?«

»Laufen ist eine ganz ursprüngliche Eigenschaft des Menschen. Wenn er beim Laufen an die Jagd denkt, dann ist es so, als ob er jagen würde.« Der Tyrannosaurus Rex kommt dicht an die Pagode heran und blickt zu mir auf, er öffnet das Maul, grollt zu mir hoch, und ich freue mich, dass ich seinen stinkenden Atem riechen kann. Mit einer Handbewegung verscheuche ich ihn.

»Vielleicht kannst Du uns sagen, wie eine Allergie entsteht?« Ihre Stimme wird unerträglich laut, eine Frechheit, so mit dem Tod zu reden.

»Sei leiser«, zische ich ihr entgegen. »Wer seine wilde Seite nicht auslebt, der bekommt Allergien. Diese wilde, blutrünstige Seite ist in jedem Menschen und muss gewürdigt werden, wenn ein Mensch gesund bleiben will. Wer Konflikte nicht benennen und ausleben kann, bekommt Neurodermitis. Wer zu lieb ist, wird krank.«

»Wo entstehen Allergien?«

Der Dschungel vor mir verschwimmt, und ich sehe einen Kreis, der sich immer schneller dreht. Es ist sehr anstrengend diesen Kreis zu betrachten, ich ertrage es kaum, ihn anzusehen, und merke, wie sich meine Gesichtsmuskeln verkrampfen, und der Kreis verwandelt sich in eine Art Ventilator, hinter dem ein Tunnel ist, der zur Haut führt. Der Ventilator wird massiver, schneller, und ich merke, wie mein Gesicht sich verkrampft vor Anstrengung, während sich der Ventilator endgültig zum schwarzen Rotorkranz eines Hubschraubers verwandelt.

Aus der Ferne kommt der schwarze Hubschrauber schnell auf mich zu. Er dreht zur Seite, so dass ich durch die geöffnete Tür in das Innere sehen kann. Ich empfinde es als frech, mich so zu stören, und weiß doch, dass es richtig ist. Eine Wache richtet ihr Energiegewehr auf mich, und ein schwarz gekleideter Mann mit dunkler Sonnenbrille bildet mit seinen Händen ein T.

»Ich muss abbrechen und raus.«

Die Wolkendecke bricht auf, ein Sonnenstrahl schießt hindurch und hüllt mich ein. Ich löse mich auf und nehme alles von mir mit. Plötzlich stehe ich als Georg wieder vor dem Tor in meinem Gesicht.

»Ich bin wieder vor dem Tor und komme jetzt zurück.«

Wieder zurück in meinem Körper fühle ich dieses Kribbeln, die Unsicherheit über meine Sinne. Ich kann nichts sehen, mich nicht bewegen, und nur langsam kehrt die Kraft in meine Arme zurück. Als Erstes lassen sich die Finger wieder bewegen, ich mache eine Faust, strecke sie wieder aus und kann sie schließlich unter der Bettdecke wieder hervorholen. Immer noch sehe ich nur den grauen Nebel, strecke die Arme aus und bewege meine Finger weiter.

»Ich bin Georg. Ich bin ganz im Hier und Jetzt. Ich bin vollständig und heil. Mir geht es gut. Ich zähle jetzt langsam bis zehn, dann bin ich wieder da. Eins, zwei, drei, vier, fünf, sechs, sieben, acht, neun, zehn.« Ich sehe wieder und kann mich langsam aufsetzen. Benommen blicke ich in die Runde.

Karin blickt mich ernst an.

»Die Rechte an der Verfilmung bleiben bei mir.«

»Vielleicht brauchst Du noch einen Ko-Produzenten.«

Ich schaue in die Runde. »Ich hoffe, ihr habt Spaß gehabt.« Mein Atem geht tief und gleichmäßig, und in mir ist der Dschungel.

2038 –Allein in Deutschland

Sie hat richtig lange Beine und ist mit ihren 38 Jahren noch sehr attraktiv. Das ist auch kein Wunder, denn wir hatten sie in einer wunderbaren Liebesnacht voller Hingabe gezeugt. Meine Tochter hat sich in den alten Ikea-Sessel hineingedreht und die Beine angezogen. In dem Holzofen brennt ein ruhiges Feuer, das als einzige Beleuchtung im Raum dient. Es ist ein gutes Gefühl, nicht ganz allein auf der Welt zu sein und das wenigstens ein kleines Stück – in ihrem Fall etwa ein Meter achtzig – bleibt, wenn man geht.

»Paps, du sollst nicht so harte Sachen trinken.« Ihr Blick ist etwas vorwurfsvoll.

»Das ist ein ganz weicher Cognac, den kann mir kein Arzt verbieten.« Ich senke ebenso wie sie den Blick und ahme ihre Redeweise nach.

Sie grinst.

»Bis hierher haben wir einen gemütlichen Abend verbracht«, grinse ich zurück, »und nun erzähl mir mal, was dich nach zwei Monaten persönlich zu mir führt, wo du doch deine Videokonferenzen so liebst.« Sie kann mir viel erzählen, irgendetwas hat sie auf dem Herzen, und ich muss bei ihr genauso bohren wie bei ihrer seligen Mutter. Sie kann auch genauso säuerlich gucken, wenn sie ertappt wird.

»Paul und ich wollen ein Kind.« Sagt sie einfach so dahin.

»Das ist wunderbar, mein Schatz, wann ist es denn so weit?« Ich freue mich wie ein Schneekönig. Vielleicht sehe ich endlich ein Enkelkind, fast hatte ich die Hoffnung aufgegeben.

»Wir denken an den Mai des übernächsten Jahres, wenn Paul auf seinem neuen Job gut angekommen ist«, sagt sie und lächelt dünn. Mir ist ganz klar, dass jetzt die schlechte Nachricht kommt.

»Nach meinen Erfahrungen klappt das mit den Entbindungsterminen nicht so genau, vor allem dann nicht, wen man sie plant«. Ich schaue etwas säuerlich aus der Wäsche.

»Paps«, sagt sie, beugt sich vor und legt mir die Hand auf das Bein. Nun kommt es bestimmt richtig dick!

»Paps«, holt sie erneut aus, »das ist heutzutage kein Problem mehr. Ich bin für eine Erstgebärende ziemlich alt, da ziehe ich die Befruchtung im Reagenzglas vor. Dann weiß ich wenigstens, dass wir ein gesundes Kind bekommen.«

Da kommt bestimmt etwas hinterher. »Was für einen neuen Job hat Paul denn?« Dafür hat sie seit ihrem dritten Lebensjahr Englisch gelernt und ist auf die Uni gegangen, damit sie einen amerikanischen Workaholic heiratet und mit ihm durch die Weltgeschichte gondelt. Wäre sie Zahnarzthelferin geworden, dann hätte ich bestimmt schon drei Enkelkinder.

»Er kann auf die nächste Managementebene vorrücken und wird Senior-Produkt-Manager. Allerdings müssen wir dafür nach Kalifornien umziehen.« Es ist raus. Sie wirkt erleichtert, und ich habe den Schwarzen Peter.

»Dann können wir uns ja wohl nur noch über das Netz sehen?«

»Ich komme ein- oder zweimal im Jahr nach Deutschland, und dann besuche ich dich ganz bestimmt. Freust du dich denn nicht über ein Enkelkind?« Sie lächelt. Seitdem sie zwei Jahre alt ist, versucht sie, mich einzuwickeln – ab und zu klappt es.

»Sehr, mein Schatz«, ich muss lächeln, und lege ihr ebenfalls die Hand auf das Bein. »Noch schöner wäre es allerdings, wenn ich mein Enkelkind häufiger sehen könnte.«

Sie grinst, denn damit hat sie gerechnet. »Paul und ich haben beschlossen, dass wir dir eine Videowand schenken. Du weißt schon, so eine wie bei Bradbury und Asimov, bei der man praktisch zusammen an einen Tisch sitzt und sich unterhalten kann, egal, wo man ist. Als Mitarbeiter bekommt er sie ganz günstig.«

Damit hat sie auch schon meinen nächsten Einwand vorweggenommen. Soll ich ihr sagen: »Es fehlt nur noch, dass ihr Bücher verbrennt?« Dann würde ich sie vermutlich die nächsten drei Monate nicht sehen. Also beiße ich in den sauren Apfel und lächele. »Das ist schön, dann sehen wir uns ja richtig.«

Sie ist glücklich, jedenfalls schaut sie so.

»In den USA haben wir auch den Vorteil, dass wir die Gene unseres Kindes scannen lassen können. Damit können wir Krankheiten ausschließen – und ihn etwas besser machen.« Sie wirkt unsicher.

»Du weißt, dass das in Deutschland verboten ist?« Ich sitze aufrecht in meinem alten Ikea-Sessel. »Das du dafür ins Gefängnis kommst?« Ich winke meinem Haushaltsroboter. »Du kannst dich zurückziehen, und mach bitte auch deinen großen Service-Check, an den du mich heute Morgen erinnert hast.«

Er nickt und geht die Treppe hinunter. Wir warten mit dem Gespräch, bis die Kellertür hinter ihm zufällt.

»In den USA ist es erlaubt, und dort ist es auch schon Standard, die Gesundheit und die Intelligenz der Kinder zu verbessern.« Sie will mich überzeugen. »Wer es sich drüben leisten kann, der sorgt dafür, dass seine Kinder gesünder und intelligenter werden. Kinder ohne das werden die schlechteren Jobs bekommen, weniger verdienen, keine Aufstiegschancen haben. Und wenn ich schon ein Kind bekomme, dann soll es auch die besten Chancen haben, die es gibt!« Sie spricht sehr entschlossen und sitzt da wie ein kleines Mädchen, mit den Armen zwischen den Beinen.

»Und du hast keine moralischen Bedenken, am Leben, diesem Geschenk Gottes, herum zu pfuschen?« Das will ich genau wissen.

»Ich pfusche an nichts herum, wir verbessern es!« Sie ist sauer. »Wenn alle es tun, dann bleibt einem nichts mehr anderes übrig, als dabei zu sein. Das solltest Du am besten wissen! Schließlich sind deine neuen Medikamente aus der Forschung an Stammzellen entstanden! Oder willst du ein krankes Enkelkind mit einer kurzen Lebenserwartung, dass sich quält und total unglücklich ist?«

Darauf gehe ich bestimmt nicht ein. »Ich verfolge die aktuelle Diskussion im Fernsehen. Alle reden davon, dass die Wettbewerbsfähigkeit des Standortes Deutschland gefestigt werden muss und das wir keine Chancen mehr im internationalen Wettbewerb haben, wenn unsere Arbeiter nicht schlauer werden. Eine ähnliche Diskussion hatten wir vor über dreißig Jahren schon einmal über die Gewinnung von Stammzellen.

Hinterher kam wie immer ein fauler Kompromiss dabei heraus – Forschung ja, wirtschaftlich wichtig, aber nicht mit neuen Stammzellen. Wasch mir den Pelz, aber mach mich bitte nicht nass. Und dann passierte die Forschung im Ausland.«

Ich schwenke mein Cognacglas und schaue hinein. »Als ob es heute darum noch geht. Die meiste Arbeit erledigen inzwischen die Roboter, und die meisten Entscheidungen treffen die Großrechner, das meiste Geld verdienen wir mit der Autobahnmaut und der extensiven Viehhaltung in Mecklenburg-Vorpommern. Da könnten wir es uns eigentlich leisten, langsam zu verblöden.« Ich nehme einen ordentlichen Schluck Cognac.

Wenn sie zornig ist, sieht sie genauso hübsch aus wie ihre Mutter. Was würde ich dafür geben, wenn die hier wäre – vermutlich hätte ich es dann mit zwei Frauen zu tun.

»Paps, gerade darum geht es. Über viele Jahre wurden die technischen Systeme verbessert, aber die biologischen Systeme sind stehen geblieben – wir müssen uns an die technischen Möglichkeiten anpassen, und wir haben immer noch die gleichen Instinkte wir unsere Vorfahren, die Neandertaler. Und darüber hinaus möchtest du bestimmt auch einen gesunden Enkel ...«

Ich falle ihr ins Wort. »Ich bin kein Neandertaler, und werde auch niemals einer sein – und die Neandertaler sind ja wohl auch nicht unsere Vorfahren!« So barsch hat sie mich selten erlebt, und mir tut es auch einigermaßen leid.

»Mein Schatz«, ich bemühe mich, versöhnlich zu klingen, »ich kann euch gut verstehen. Ich bin dagegen, denn so weit, wie wir bisher gekommen sind, sind wir gut geworden und haben dafür bitter Lehrgeld bezahlt. Und ihr wisst nicht, welche neue Büchse der Pandora ihr damit aufmacht.« Jetzt schaut sie wie ein Schaf, und das tut mir weh.

»Ich weiß, dass Eltern immer das Beste für Ihre Kinder wollen. Deiner Mutter und mir ging es genauso. Ich weiß auch, dass ich eure Entscheidung nicht ändern kann. Ich kann sie verstehen, und ich werde sie akzeptieren.« Ihr kleines Lächeln zeigt mir, dass sie ihrem Paps nicht böse ist.

»Sei vorsichtig, und Du solltest auf jeden Fall die Staatsbürgerschaft wechseln und Amerikanerin werden, wie Dein Mann.« Ich nehme Ihre Hand, und sie drückt meine.

»Das ist schon in Arbeit«, sagt sie und lächelt.

Bald darauf geht sie ins Bett, und alt, wie ich bin, bin ich ziemlich munter. So hatte ich mir das nicht vorgestellt. Was passiert, wenn ich langsam in der Demenz versinke? Wer kümmert sich um mich, wenn ich nicht genug trinke? Sie ist dann weit weg, und ich habe keine Lust, als alte Eiche meine Wurzeln in den kalifornischen Boden zu stecken.

Sei es drum, ich werde übernächstes Jahr für den langen Flug nach Kalifornien die Thrombosestrümpfe überziehen und dann mein Enkelkind besuchen. Es kommt, wie es kommt, und es gilt noch ein Stück zu leben, in Deutschland und im Jahr 2038.

Zu spät

Ich kam durch die Tür, verpasste gerade den Schluss der Aufzeichnung und startete die Nachricht auf dem Notebook. Der Mann auf dem Bildschirm war um die 60 und sah mitgenommen aus.

»Guten Tag, Herr Thomsen. Diese Nachricht ist außerordentlich wichtig. Bevor Sie diese Nachricht ansehen, stellen Sie bitte sicher, dass außer Ihnen und Ihrer Frau niemand im Raum ist.«

Ich war allein im Raum und sehr beunruhigt.

»Mein Name ist Vogt, Dr. Vogt von der Firma Genloc. Wie Sie sich sicher erinnern, haben wir für ihren Sohn David vor 12 Jahren eine vorgeburtliche Genverbesserung durchgeführt. Wir wissen seit heute, dass uns damals leider ein Fehler unterlaufen ist. Wir haben festgestellt, dass alle Kinder, die so behandelt wurden, ab einem bestimmten Zeitpunkt der Pubertät zu exzessiver Gewaltanwendung neigen. Dies trifft auch auf Ihren

Sohn zu. Nach unseren Berechnungen müsste Ihr Sohn in den nächsten Tagen soweit sein. Verlassen Sie daher bitte sofort das Haus und warnen Sie Ihre Familie! Vermeiden Sie auf alle Fälle jeden Kontakt mit David! Ein Sondereinsatzkommando der Polizei ist auf dem Weg zu Ihnen! Selbstverständlich übernehmen wir alle Kosten für eine erforderliche Genkorrektur sowie eventuelle Sach- oder Personenschäden. Dies ist eine Warnung ...«

Hinter mir öffnete sich die Tür. Ich drehte mich um und sah meinen Sohn mit einer blutigen Axt in den Händen.

»Hallo Paps«, sagte er und grinste.

Ich ging auf meinen Sohn zu und zögerte einen Augenblick, als ich vor ihm stand. Dann nahm ich ihm die Axt ab und stellte sie zur Seite. In seinen Augen waren keine Tränen zu sehen, und ich kniete vor ihm nieder und sah mir seinen Fuß an. Die Axt hatte die Haut ungefähr fünf Zentimeter lang aufgerissen, und sein Blut quoll langsam aus der Wunde heraus und tropfte auf den Fliesenboden.

»Setz dich, setz dich«, forderte ich ihn auf und drückte ihn auf den Holzstuhl. Ich ging zum Verbandsschrank, holte Desinfektionsspray und ein Pflaster, sprühte die Wunde ein, tupfte sie ab und zog mit dem Pflaster die Haut wieder zusammen.

»Pass auf, David!« Ich schaute ihm in die Augen. »Wir müssen schnell weg und ich muss noch ein paar Sachen packen. Du verbindest Dir bitte Deinen Fuß mit der Mullbinde, und dann fahren wir!«

Bevor er mir eine Frage stellen konnte, stoppte ich ihn. »Ich erkläre Dir alles später!« Ich hörte nur noch sein »Ja, Paps«,, als ich durch die Räume raste, die Sporttaschen nahm, seine Wäsche aus dem Kleiderschrank herausriss, das gleiche mit meiner Wäsche machte, dann Shampoo und Zahnbürsten dazwischen stopfte und mit Mühe den Reißverschluss zu zog. Ich verstreute den Inhalt der Kassette, als ich die Ausweise herausriss und fluchte, als ich sah, dass kein Geld mehr in der Kassette war.

In der Küche hatte ich David die Mullbinde um den Fuß gebunden, und ich steckte ihm ein Aspirin in den Mund und ließ ihn einen Schluck Wasser trinken.

»Probier mal, ob Du laufen kannst!« Er stand auf, konnte zwar nicht richtig auftreten, aber einigermaßen gehen.

»Los, los, wir müssen zum Auto!« Ich zog ihn am Arm.

»Was ist los?« Er war fast etwas wütend.

»Wir fahren zu einem sicheren Ort, dann erkläre ich Dir alles!« Ich drängte ihn auf den Beifahrersitz, und er schnallte sich an.

»Warum machst Du nicht die Tür zu?«, fragte er mich. Die Haustür stand weit offen.

»Dann wäre sie gleich kaputt!«

Ich fuhr den Wagen aus der Einfahrt. Aus der nächsten Seitenstraße kam ein weißer Lieferwagen, fuhr an uns vorbei und hielt vor unserem Haus. Im Rückspiegel konnte ich sehen, wie der Wagen anhielt und Männer in grüner Kleidung und Gewehren in den Händen aus dem Wagen sprangen. Ich bog rechts in die Seitenstraße ab, und fuhr zur Bank, um Bargeld zu holen.

Hinter der Bank war eine kleine Seitenstraße, in die ich den Wagen stellte. Als der Motor ausgestellt war, sah mich David wütend an. »Entweder Du erzählst mir jetzt alles, oder ich steige aus!«

Ich nahm sein Gesicht in meine Hände. »Du, ich, wir beide sind in großer Gefahr. Wir müssen hier schnell verschwinden.

Wir fahren jetzt zu einem sicheren Platz, und dann erkläre ich Dir alles! Okay? Bitte!«

Jetzt schien er beunruhigt.

»Ich hole nur kurz Geld, und Du wartest hier!« Ich stieg aus dem Auto und versuchte nicht zu rennen, als ich um das Gebäude herum zur Glastür von dem Raum ging, in dem der Geldautomat war. Eine Frau hielt mir die Tür auf, und ich hob so viel Geld ab, wie ich nur konnte. Gerade hatte ich mich umgedreht und steckte das Geld und die Karte in die Geldbörse, als ein Mann gegen die Scheibe klopfte. Er grinste freundlich und drückte den Ausweis gegen das Fenster.

»Polizei. Sind Sie Herr Thomsen?«

Ich nickte.

»Mein Name ist Müller, ich muss mit Ihnen reden. Lassen Sie mich herein?« Er zeigte auf die Tür, und ich drückte auf den Griff und trat dann einen Schritt zurück.

»Wie gut, dass ich Sie gefunden habe!« Er stand dicht vor mir. »Sie schweben in großer Gefahr!« Ich rammte ihm eine Faust in die Magengrube, er krümmte sich zusammen, und ich schlug ihm mit voller Wucht auf den Nackenansatz. Er fiel bewusstlos zu Boden, ich nahm ihm seinen Dienstausweis und seine Pistole ab.

Nun rannte ich zum Auto, drückte David die Pistole und den Ausweis in die Hand, und fuhr weiter. Wohin, wohin, wohin? Meine Gedanken drehten sich um diese Frage. Wenn die Polizei uns suchen würde, dann würden sie auch das Auto kennen. Ich drückte mit meiner rechten Hand sanft Davids offenen Mund zu. Tante Julia! Sie war steinalt, zurzeit zur Kur und wir hatten den Schlüssel zu ihrem Haus und ihrem Auto.

»Paps, was hast Du getan?« David schaute mich ängstlich an.

»Ich habe einen neugierigen Polizisten schlafen gelegt.« Er fasste die Pistole mit zwei Fingern an. Ich hatte ihn wohl doch etwas zu wertorientiert erzogen.

Wir parkten den Wagen vor Julias Haus. Ich lief ins Haus, holte die Schlüssel aus dem Sekretär, nahm die Stofftasche und stopfte alles an Lebensmitteln hinein, was ich nur finden konnte. Dann ging ich in die Garage, holte den alten Peugeot heraus und fuhr unseren Wagen hinein. Kopfschütteln stieg David um und schaute mir zu, wie ich die Reisetaschen in den Kofferraum vom Peugeot packte. Jetzt war ich etwas ruhiger. Ich schloss das Garagentor gründlich ab, und wir machten uns auf den Weg.

Auf der Autobahn nach Süden waren nur wenige Fahrzeuge unterwegs. Es war ein warmer Sommertag, der zu einem Picknick im Wald oder zu einem Campingurlaub einlud. Neben mir saß David sehr schweigsam und beobachtete mich. Das störte mich nicht, denn ich würde bald alles erklären müssen.

Die Straße in den Harz führte durch dunkle Fichtenwälder, und wir erreichten bald einen kleinen Parkplatz, von dem Wanderer einen Rundweg machen konnten.

Ich stützte David, als wir durch den dichten Tannenwald gingen und nach einem kurzen Stück Weges eine kleine Lichtung erreichten. Wir setzten uns nebeneinander in das trockene Moos, und ich spürte die schwere Last der Wahrheit auf meinem Herzen.

»Ich glaube, Du hast mich bisher noch nicht so kennen gelernt.« Meine Stimme war rau, und ich nahm einen Schluck von Julias Mineralwasser. Mein Sohn sagte nichts, er schaute mich nur seltsam an.

»Du spinnst ja wohl total«, schrie er und hielt die Pistole an zwei Fingern vor meine Nase. »Willst Du ins Gefängnis? Was ist dann mit Mama und mir?«

Ich senkte den Kopf und fing leise an. »Deine Mutter und ich hatten uns immer ein Kind gewünscht. Wir hatten lange Jahre gehofft, dass wir ein Kind bekommen würden. Aber es funktionierte einfach nicht.«

David sah mich jetzt neugierig an.

»Jeder von uns ließ sich untersuchen, und eigentlich waren wir beide unfruchtbar. Die Ärzte sagten, dass ein derartiger Zufall selten vorkommen würde. Pech gehabt.« Ich schüttelte den Kopf. »Unser Wunsch nach einem Kind war sehr groß, und wir entschieden uns daher, mit Hilfe der künstlichen Befruchtung ein Kind zu bekommen.«

David sah mich fragend an. »Ich bin ein Kind aus dem Reagenzglas?«

Ich nickte. »Es wurden mehrere Eizellen befruchtet, und wir entschieden uns für Dich. Der Arzt führte uns vor, wie Du mit unterschiedlichem Alter aussehen würdest, und Du hast uns als erster gleich gut gefallen.«

»Da habe ich ja Glück gehabt«, sagte er bitter, und ich war über den Sarkasmus in seinen Worten sehr erstaunt.

»Dann fragte uns der Arzt, ob wir ein sehr intelligentes und sehr gesundes Kind haben wollten. Deine Mutter und ich sahen uns erstaunt an, und der Arzt erklärte uns, dass es dafür eine Möglichkeit gebe, die aber teuer wäre und die in Deutschland auch - noch - verboten sei. Aber er betonte auch, dass die Methode vollkommen risikofrei wäre. Dieser Arzt hieß Doktor Vogt.«

David saß kerzengerade, und hinter seiner Stirn arbeitete es. »Ich verstehe. Darum bin ich der Beste im Sport, und im Unterricht ist mir auch meistens langweilig.«

Ich schaute ihn einfach nur an. »Deine Mutter und ich sind sehr stolz auf Dich, das weißt Du!« David hatte einen starren Blick bekommen, und ich war mir nicht sicher, ob er mich hören würde.

»Du bist wesentlich stärker als andere Menschen. Erinnerst Du Dich noch, wie Du Onkel Finn im Armdrücken besiegt hast? Du bist fast nie krank, bist schneller und intelligenter, Du bist außerordentlich belastbar und verlierst nie die Nerven. Du wirst auch nach einem 14-Stunden-Arbeitstag noch fit sein, und Du wirst Dich in jedem Beruf durchsetzen können, denn Du nur haben willst. Du hast alle Chancen dieser Welt.«

Es knackte hinter uns, und ich riss die Pistole hoch und hielt sie einem grün gekleideten Mann unter die Nase.

»Guten Tag. Mein Name ist Paul Müller.« Er stand ganz still und schaute auf den Boden. »Ein Hinweis – wenn Sie die Pistole benutzen wollen, ist es sinnvoll, sie vorher zu entsichern.«

Seine Worte hatten mir die Sinnlosigkeit der letzten Stunden gezeigt. Ich senkte die Waffe.

Der Mann bewegte sich leicht. »Sehen Sie, wir alle haben uns in den letzten Stunden ziemlich daneben benommen.« Er atmete tief durch. »Als wir – also die Polizei – einen Anruf von Doktor Vogt bekommen haben, haben wir ihm gleich geglaubt. Das war ein Fehler.« Er schaute prüfend in meine Augen. »Erst nachdem wir das Einsatzkommando losgeschickt hatten, stellte sich heraus, dass der Doktor, hm, etwas durch gedreht ist. Er hat gewaltig übertrieben.« Er lächelte leicht und zog die Schultern hoch. »Ich entschuldige mich bei Ihnen. Es tut mir sehr leid, und ich bin froh, dass nicht mehr passiert ist.«

»Das soll ich Ihnen glauben?« Skeptisch musterte ich den Mann.

»Wäre ich sonst hier bei Ihnen, unbewaffnet?« Er legte den Kopf schief.

»In Ordnung.« Mit einem Seufzer gab ich ihm die Waffe. »Wie haben Sie uns gefunden?«

»In jeder modernen Polizeiwaffe ist ein Sender eingebaut. Wir wussten immer, wo Sie waren.« Plötzlich grinste er. »Kommen Sie, wir bringen Sie nach Hause. Ihre Frau macht sich schon Sorgen.«

Wir gingen auf den Waldweg zurück. Müller zeigte den Weg entlang. »Da hinten steht ein Krankenwagen, da können wir Deinen Fuß versorgen, David.«

Auf dem Parkplatz stand ein Stück neben unserem Auto der Krankenwagen. Müller öffnete die Tür, und riesige Männer stürzten aus dem Wagen, ergriffen David und mich, rissen mich auf den Boden und einer drückte mir ein Injektionsgerät an den Hals.

Ich lag da und konnte mich nicht mehr bewegen. Ein grauer Schleier engte mein Blickfeld ein, und Müller kam mir weit entfernt vor, als er sich über mich beugte. »Es ist alles in Ordnung«, sagte er und lächelte.

Bevor ich in dem grauen Schleier versank, sah ich noch, wie einer der großen Männer über mich hinweg flog.

Papier, Tusche und Pinsel

Ermittlungen

Die Muskeln der Frau waren gut definiert und bildeten ein Sixpack auf dem Bauch. Ihre Haut war makellos, ohne Haare und von blauen Adern durchzogen. Sie bildeten ein marmornes Muster, wie bei einer alten römischen Statue. Ein kaum sichtbares Lächeln lag auf ihrem Gesicht und gab ihr einen friedlichen, fast glücklichen Ausdruck. In seinen sechzig Berufsjahren hatte James schon viele Leichen gesehen. Die meisten hatten Wunden oder trugen die Spuren eines Kampfes, manche hatten schon einige Zeit im Wasser gelegen oder waren lange Zeit in der Erde. Diese Frau hatte einen so makellosen Körper, dass man nicht erkennen konnte, an was sie gestorben war. Das Einzige, was auffiel, waren die Abdrücke von zwei Händen auf den Rippen.

»Hast Du sie erkannt?«, fragte ihn der Pathologe, der mit dem Scanner auf der anderen Seite des Metalltisches stand. James arbeitete jetzt schon seit fast vierzig Jahren mit ihm zusammen. Er lieferte ihm die Leichen auf dem »silbernen Tablett«, wie er fast jedes Mal grinsend sagte, und Ken erzählte ihm dann, woran sie gestorben waren. Obwohl der Pathologe nicht mehr mit dem Messer arbeiten musste, trug er die traditionelle Kleidung, einen weißen Kittel, beige Latexhandschuhe und eine weiße Kappe über seinen kurzen grauen Haaren. Leise summend fuhr der Scanner des Tisches über den Körper. Das blaue Licht ließ die Adern noch deutlicher hervortreten.

»Hast Du sie erkannt?«, wiederholte Ken geduldig die Frage, während er auf das Hologramm schaute, dass neben dem Tisch schwebte.

»Nein, sollte ich?«, antwortete James mit einem Blick in das Gesicht der Leiche.

»Eine der unsterblichen zwölf, Monica Ma-Myers. Ich habe nicht damit gerechnet, jemals eine der Göttinnen dieses Planeten auf meinem Tablett vorzufinden«, sagte Ken grinsend. »Früher hätte ich sie auseinandergenommen, heute scanne ich sie einfach nur. Die Frau war vollkommen gesund, ihre inneren Organe sind einfach prachtvoll. Ihre Gene sind die einer dreißigjährigen und stimmen perfekt mit unserer Datenbank überein.«

Überrascht stellte James fest, dass er das Gesicht doch aus dem Holo kannte. »Woran ist sie gestorben und wieso wurde ich nicht zum Tatort gerufen?« Jetzt wurde ihm klar, wieso ihn der Commissioner persönlich in die Pathologie bestellt hatte, ohne ihm weitere Informationen zu geben. Das er seinen erfahrensten Mann für diesen Fall bräuchte, hatte er gesagt.

»Die Familie hat um absolute Diskretion gebeten. Dem hat der Commissioner gern entsprochen, denn ihre Firma ›Spiral

Genomics‹ ist einer der größten Steuerzahler des ganzen Silicon Valley. Wenn die Welt vom Tod der Gründerin und besten Kundin erfahren würde, könnte das zu starken Umsatzverlusten und sinkenden Steuereinnahmen führen.« Mit einer Hand blätterte Ken das Holo durch. »Das Gerät findet jedes Gift mit allen Zerfallsprodukten, das in den letzten fünfhundert Jahren bekannt wurde, jede Schwermetallvergiftung und jede Krankheit, aber es findet nicht, woran diese Frau gestorben ist. Das ist mir in den letzten vierzig Jahren hier noch nicht passiert.« Mit einem leicht irritierten Blick ging Ken zu einem kleinen Schrank, aus dem er ein Skalpell holte, um sich dann nachdenklich und mit einem glücklichen Lächeln neben den Tisch zu stellen. »Meinst Du, dass mich die Familie verklagt, wenn ich sie gründlich seziere?«

»Das könnte Dich Deinen Job und Deine Pension kosten«, meinte James mit großen Unbehagen. »Du bist jetzt schon siebenundachtzig und hast nur noch drei Jahre bis zur Rente, da solltest Du kein Risiko eingehen.«

Ken legte mit Bedauern das Skalpell wieder zurück in die silberne Schublade. »Und mein bester Freund ist jetzt 89 und wird in drei Monaten pensioniert«, grinste der Pathologe leicht säuerlich. »Mit wem trinke ich dann an diesem traumhaft schönen Ort einen koffeinfreien Latte Macchiato und zerbreche mir den Kopf über Mordmotive?«

»Nimm doch Andy«, meinte er beiläufig.

»Detective Andy kann über ihren künstlich gewachsenen Vorbau doch noch nicht mal auf den Seziertisch schauen. Außerdem ist sie viel zu jung für mich mit ihren achtundzwanzig Jahren. Im Zweifel muss ich mit ihr noch durch die Clubs ziehen und ihr das Leben erklären«, antwortete Ken süffisant.

»Detective Andy hat wenigsten noch ein Leben vor sich.« Mit finsterem Gesicht war Detective Andrea Vito in dem Raum gekommen und baute sich mit verschränkten Armen vor den beiden Männern auf. »Du sollst sofort zum Commissioner kommen, Jim. Und wir beide sprechen uns noch«, sagte sie leicht drohend zum Pathologen, als sie wieder den Raum verließ. James folgte ihr durch den Flur und bewunderte ihren muskulösen Körper und ihren durchtrainierten Hintern, der erfreulich unter dem kurzen schwarzen Jackett beim Gehen anspannte und wieder entspannte. Vermutlich war der einzige Club, durch den Ken mit ihr ziehen würde ein Fitnessclub oder ein Fightclub, in dem seine morschen Knochen allein vom Anblick der weiblichen Muskeln brechen würden. Er wunderte sich, wieso er von Andy durch die Flure und den Fahrstuhl bis vor das Büro des Commissioners geführt wurde. Sie öffnete die Tür, kündigte ihn an und schloss sie hinter ihm von außen.

Im Büro saß Hendrick in seinem alten großen Ledersessel, mit dem er sich in den letzten dreißig Jahren als Commissioner symbiotisch verbunden hatte. Wie eine alt gewordene Made mit wenigen schwarzen Haaren auf dem Kopf lag er übergewichtig auf dem Leder, ohne die Chance zu haben, sich irgendwann einmal in einen Schmetterling zu verwandeln. Seit ihrer Zusammenarbeit hatte er ihn nur ein paar Mal auf den Füßen gesehen. Niemand von den Kollegen wusste, wie er morgens ins Büro kam und es abends wieder verließ. Man sah ihn nur stehend, wenn er eine Pressekonferenz oder die Weihnachtsansprache hielt. Aber diesmal war der Commissioner nicht allein in seinem Büro.

»Jim, das sind Tejean Miller, Simone Carlos und Julia Martin vom FBI. Du wirst mit Ihnen zusammenarbeiten und den Fall von Ma-Myers aufklären. Absolute Geheimhaltung, größte Vorsicht und auch Diplomatie. Klar?« Die Stimme des Commissioners hatte den Tonfall, der keinen Widerspruch zuließ.

»Klar, Hendrick«, sagte James neugierig und gab allen dreien nacheinander die Hand. Miller und Carlos hatten einen festen Händedruck und sahen so smart in ihren dunklen Anzügen aus, wie FBI-Agenten nur aussehen konnten. Beide waren durchtrainiert und mittelgroß. Die blauen Augen und blonden Haare der Agentin standen im Widerspruch zu ihrem spanischen Namen Carlos, bei dem er eher eine Latina erwartet hatte. Miller wirkte eher wie der nette Versicherungsverkäufer aus der Vorortsiedlung, wenn die harten Falten in seinem Gesicht nicht gewesen wären. Julia Martin war eine junge Frau Anfang zwanzig, die in ihrem braunen Sommerkleid mit den weißen Punkten und dem Petticoat eher an das Mädchen erinnerte, dass gerade zum ersten Mal den Schwiegereltern vorgestellt wird. Lockige, brünette Haare umgaben ihr Gesicht, die sie zu einem Pferdeschwanz nach hinten zusammen gebunden hatte. Die großen hellbraunen Augen schimmerten feucht und ihr Mund erinnerte ihn an den Mund des einen Mädchens, in das er damals unsterblich verliebt war, bis sie ihn für einen anderen Jungen verließ. Sanft gab sie ihm ihre Hand. James spürte die weiche Haut, die in seiner Hand ein leichtes Kribbeln auslöste, dass er nur von Robotern kannte. Sie war ein künstlicher Mensch, eine Androidin, die mit Sicherheit in jedem Moment die Umgebung scannte und jede kleine Regung, seine Körpertemperatur und den Füllstand seiner Blase an die Zentrale sendete.

»Sie sind ab sofort Geheimnisträger der höchsten Sicherheitsstufe und dürfen kein Wort über das verlieren, was Sie bei Ihren Ermittlungen erfahren. Haben Sie das verstanden?«, fragte Miller nachdrücklich.

»Selbstverständlich, Sir«, nickte James.

»Die Agents Miller und Martin sind mit Ihnen assoziiert und gleichberechtigte Ermittler. Aufgrund der Tatsache, dass der

Fall die nationale Sicherheit berührt, wird nur über Julia Martin berichtet. Weder der Commissioner noch ich erhalten Informationen. Das Schreiben von Berichten ist nicht notwendig und auch nicht erwünscht. Ist das klar?«

»Das habe ich verstanden«, meinte James ruhig. Wozu sollte er auch einen Bericht schreiben oder Videodokumentation führen, wenn die Androidin alles aufzeichnen würde. Endlich einmal ein Fall, bei dem er sich auf die Aufklärung konzentrieren konnte und den Schriftkram los war.

Das Cabrio schwebte offen über den breiten Boulevard und James ließ den Blick über die großen Palmen gleiten, die die Straße in regelmäßige Abschnitte teilte. Viele Menschen waren auf dem Fußweg unterwegs. Aus den Geschäften traten gut gekleidete Männer und Frauen. Weiße Roboter trugen große Tüten hinter jungen Frauen her, die zielstrebig von einem Geschäft zum anderen glitten. Ihm gefiel diese bunte Mode nicht, bei der der Stoff durch fast durchsichtige Energiefelder ergänzt wurde und man mit einem bestimmten Blickwinkel beinahe alles sehen konnte.

Zum Glück waren Simone und Julia konservativ angezogen. Wenn Agent Simone nicht einen schwarzen Anzug tragen würde, könnte man sie für eine nette Familie halten, die an einem schönen Tag auf dem Weg zum Meer war, um ein Picknick zu machen. Von seinem eigenen Sohn hatte er auch schon seit zwei Wochen nichts mehr gehört, und der letzte Kontakt mit Tara, seiner Enkelin, lag mit Sicherheit über einen Monat zurück.

Nach einiger Zeit erreichten sie die Stadtgrenze, bogen ab und glitten in drei Meter Höhe über einen Grasweg dahin, bis sie ein großes Metalltor erreichten, dass eher einen Anachronismus darstellte als Sicherheit zu vermitteln. Sie warteten einen

Moment, bis das Tor schließlich aufschwang und sie geräuschlos über einen weißen Schotterweg glitten, der durch einen großen Park mit alten Bäumen bis zu einem kleinen runden Platz führte, in dessen Mitte ein weißer Springbrunnen stand. Die marmorne Putte mit dem Füllhorn ließ Wasser in die große Muschel laufen, über der sie schwebte. Sie gingen um ein kleineres Haus herum und standen vor einem großen Swimmingpool, hinter dem sich ein gewaltiges Säulenportal auftat, das mit vier Säulen die Ansicht prägte und James an das Lincoln-Memorial in Washington erinnerte. »Dieser Baustil heißt Palladianismus«, meinte Julia gut gelaunt.

»Es erinnert mich eher an Disneyland«, dachte James. Blaue Agaven und kleine rote Kakteen schufen Flächen links und rechts der großen Freitreppe, die vom Swimmingpool hoch zum Palast führte.

»Purer Kitsch, nicht wahr?«, sagte eine Stimme hinter ihm. »Der Denkmalschutz möchte es gern ganz genau so haben.« Die Frau glich ebenso einer belebten Statue wie die Frau in der Leichenhalle. Ihr schwarzgrüner Sari harmonierte mit den schwarzen Haaren, die ein schmales Gesicht einrahmten, in dem sich europäische und asiatische Gene spiegelten. Hinter ihr stand in einem blauen Sommerkleid eine weitere Frau mit langen blonden Haaren.

»Dorothea Rhee, und sie sind die Ermittler, die mir angekündigt wurden?« Umständlich holte James seinen Ausweis heraus und stellte sich, Simone und Julia vor und sprach das Beileid aus.

»Danke. Meine Assistenzandroidin Silja«, nickte Dorothea Rhee. »Ich habe noch einen wichtigen Termin in der Firma und wäre dankbar, wenn wir uns kurzfassen könnten.«

»Gern«, sagte Simone, und sie folgten ihr in Richtung des Bootshauses. James hatte sich den Plan des Geländes angesehen, bevor sie losgefahren waren. Ob sie wirklich keine Zeit hatte oder sie eine Verhandlungstechnik einsetzte, um sie abzulenken, würde sich noch herausstellen.

»Frau Rhee, Sie waren die Lebensgefährtin von Monica Ma-Myers?«, fragte er, während sie gingen.

»Wir waren seit dreißig Jahren zusammen, und ich kann es immer noch nicht glauben, dass sie nicht mehr da ist«, sagte die Eurasierin, als sie das Bootshaus erreichten. »Ich hatte mich auf ein langes Leben mit ihr eingestellt.«

Das Bootshaus selbst war beeindruckend und glich mehr einer in das Meer gebauten Halle aus stabilen rotem Holz, als das man es als Haus bezeichnen konnte. Eine große Motorjacht und eine kleinere Jolle aus Holz schwammen nebeneinander. An den Wänden hingen Taue, Segelzubehör und eine beeindruckende Sammlung von alten Schiffslampen.

»Monica war mit Silja segeln und hatte einen Tag auf dem Wasser verbracht. Als sie dann aus dem Boot stieg, setzte sie sich auf die Segelkiste, sagte ›Danke‹ und ist dann einfach umgefallen.« Sie schaute nach unten und bedeckte die Augen mit der linken Hand. »Silja hat alles aufgezeichnet.«

»Möchten Sie es sehen?«, fragte Silja leise.

»Ich warte vor der Tür. Es braucht mich niemand zu begleiten.« Dorothea Rhee ging mit geradem Rücken zu der Doppeltür hinaus.

»Ja bitte«, sagte James nach einem Moment des Zögerns von Simone und Julia. Anscheinend ließen sie ihm als Älteren den Vortritt. Es war ein Hinweis auf sein Alter, den er nicht gerade als Kompliment empfand, obwohl es manchmal ganz praktisch war.

Die Androidin kletterte auf die Jolle und blieb auf dem hinteren Deck stehen. Aus dem Ring am Mittelfinger ihrer linken Hand erschien die Holoprojektion als bunte Lichtstrahlen. Monica Ma-Mayers sprang in Jeans und T-Shirt von Bord auf die Planken des Bootshaussteges, frisch und strahlend vom Tag auf dem Wasser. Plötzlich freute sie sich, als ob sie einen alten Freund gesehen hatte, sagte ›Danke‹ und fiel um. Die Perspektive änderte sich, als sie Silja sahen, wie sie an Land sprang, das T-Shirt der Frau hochzog und versuchte, Monica wieder zu beleben, bis orange Sanitätsroboter eintrafen.

»Sie brauchen es nicht noch einmal wiederholen«, meinte Simone. »Die Aufzeichnungen des Schiffes und der Schutzdrohnen liegen uns vor und stimmen mit den Aufzeichnungen von Silja überein. Zentral hat alles abgeglichen.« Julia ging vor die Tür, um Dorothea Rhee wieder hereinzuholen.

»Es erscheint mir, als ob Frau Ma-Myers jemanden gesehen hätte, bevor sie gestorben ist. Haben Sie dafür eine Erklärung, Silja?«

Sie schüttelte die blonden Locken. »Leider nicht, Herr Becker.«

»Die Aufzeichnungen der Delphinbots, der Möwen und der Schutzdrohnen stimmen ebenfalls überein. Frau Ma-Myers hatte keinen Kontakt mit anderen Menschen, Androiden oder Robotern, die von außerhalb ihres Schutzkreises kommen konnten. Eine Paparazzidrohne wurde vor der Ausfahrt des Bootes eliminiert und der Journalist juristisch zur Rechenschaft gezogen.« Julia hatte den Kopf gerade aufgerichtet und mit einem ernsten Gesichtsausdruck berichtet.

»Gab es einen Hackerangriff auf den Schutzkreis?«, fragte Simone nach.

»Die Software aller beteiligten Einsatzkräfte ist äußerst schwer zu korrumpieren und wurde von Zentral ebenfalls überprüft. Definitiv nicht.« Julia schüttelte entschieden den Kopf. »Frau Ma-Myers gehörte nach dem Präsidenten zu den am besten geschützten Menschen der Welt, ohne dass es ihre Bewegungsfreiheit einschränkte.«

»Wäre es möglich, dass Sie mir weitere Fragen auf dem Weg zur Firma stellen?«, fragte Dorothea Rhee und blickte ungeduldig auf ihr Handgelenk. James, Simone und Julia stimmten zu und gingen dann zum Landeplatz, wo ein Bus auf sie wartete.

Sie nahmen auf den ledernen Sitzen Platz, und der Bus startete senkrecht nach oben, ohne dass sich die Schwerkraft im Fahrzeug veränderte. James konnte aus dem Fenster verfolgen, wie Ihnen Ihr Cabrio in den Luftraum folgte.

»Hatte Frau Ma-Myers Feinde?«, stellte Simone die Standardfrage aller Ermittler.

»Sie haben immer Feinde, wenn Sie weltweit das Monopol für die Lebensverlängerung haben und alle wesentlichen Führungskräfte von Ihnen abhängig sind«, antwortete die Eurasierin trocken. »Auf der anderen Seite haben Sie auch keine Feinde, weil das Risiko einfach zu groß ist, entdeckt zu werden. Wenn herauskommt, dass jemand Monica umgebracht hat, dann wird dieser jemand ganz schnell den Zorn der Mächtigen der ganzen Welt auf sich ziehen. Sollte er selbst die Medikamente bekommen, bedeutet der Entzug den sicheren Tod innerhalb von sechs Monaten. Wer will schon dieses Risiko eingehen?«

»Vielleicht jemand, der noch keine lebensverlängernden Medikamente nimmt und das bestehende System umstürzen möchte?«, fragte James, als sie die Reiseflughöhe erreicht hatten.

»Sämtliche in Frage kommenden Terrorgruppen haben nicht die Mittel, um auf diese Art und Weise in den Schutzkreis einzudringen und Frau Ma-Myers zu töten. Das wurde von Zentral überprüft.« Wieder sprach Julia ganz bestimmt, so dass er das Gefühl bekam, dass sie es mit absoluter Sicherheit wusste.

Ein leichter Widerwille war auf den Gesichtszügen der Eurasierin zu erkennen. »Monica war die Vorsitzende in der Ethikkommission für die Immortalität. Dort hat sie einige Leute abgelehnt, die nicht die nötige persönliche Integrität aufweisen und durch den Kriterienkatalog durchgerutscht sind. Einer der Bewerber, der während der Anhörung auch ausfällig geworden ist, war dieser Finanzmanager Bert Barge. Vielleicht hilft Ihnen das weiter. Da sollten Sie sich die Aufzeichnungen der Kommission ansehen.«

»Das werden wir«, sagte James und schaute Julia an.

»Zentral überprüft es gerade«, sagte sie verträumt.

Bevor er die Frage stellen konnte, tat es Simone. »Entschuldigen Sie bitte die Frage, Frau Rhee, wie war Ihre Beziehung zu Ihrer Lebensgefährtin in der letzten Zeit?«

Dorothea Rhee lächelte nur. »Ich habe mich schon gewundert, dass die Frage bisher nicht gekommen ist. Gut, es ging uns gut. Wir waren seit dreißig Jahren zusammen und liebten uns immer noch. Über die Arbeit haben wir uns kennen gelernt, und die gemeinsame Arbeit hat uns auch zusammen gehalten.« Sie schluckte. »Vor einem halben Jahr haben wir ein sehr großes und wichtiges Projekt abgeschlossen. Seitdem haben wir uns mehr Zeit für uns selbst genommen, sind gereist und gesegelt und haben nicht mehr so viel gearbeitet.«

»Gab es so etwas wie Eifersucht bei ihr?«, fragte Simone nach.

»Auf wen sollte sie oder ich denn eifersüchtig sein? Auf junge Leute, die wirklich dreißig sind und nicht nur so aussehen? Es gibt nicht so viele Menschen, die so leben wie wir«, sagte sie lächelnd. »Und wenn sie Lust gehabt hätte, mal mit einem Mädchen ins Bett zu gehen, wäre das für mich auch in Ordnung gewesen. Wenn man erst einmal die hundertfünfzig überschritten hat, ändern sich die Dinge.«

Julia nickte unmerklich und bestätigte die Worte von Dorothea Rhee, die ihr gegenüber saß.

»An was haben Sie denn gearbeitet, bevor Sie die Pause gemacht haben?«, wollte James wissen.

»Das ist streng geheim und darf hier nicht diskutiert werden«, fuhr Julia dazwischen.

»Vielleicht können Sie uns ja sagen, wie Ihre Partnerin zu dem Projekt stand und wie wichtig es ihr war?« James sah Julia mit einem finstern Blick an, bevor sie wieder etwas sagen konnte, und sie blieb ruhig.

»Es war der Abschluss ihrer Arbeit, sozusagen Ihr Lebenswerk«, sagte die Eurasierin lächelnd. »Wir waren in einem solchen Hochgefühl, als wir es endlich geschafft hatten, dass wir drei Tage durchgefeiert haben.« Ihm gefielen die kleinen Grübchen, die sie beim Lächeln zeigte.

»Und wie ging es Ihnen danach?«, frage er einfühlsam.

»Wir sind erst einmal in den Rockies wandern gegangen und dann hatte uns der Alltag relativ schnell wieder. Auch wenn Sam mit seinem Team das operative Geschäft managt, gibt es für uns immer noch viel zu tun. Vorträge halten, auf formellen Empfängen in teuren Abendkleidern ausländischen Diktatoren die Hände schütteln, damit sie an dem Programm teilnehmen und ihre Mitbürger nicht mehr so quälen.« Traurig schüttelte sie den Kopf.

»Was ist so schlecht daran, das Leben von Menschen zu retten und Diktatoren zur Umkehr zu bewegen?«, fragte Simone leicht irritiert.

Dorothea Rhees schaute sie ungläubig an. »Wir sind Wissenschaftler, Agent, keine Politiker. Das ist nicht unser Job. Monica hat vor hundertfünfzig Jahren versucht, die Multiple Sklerose ihres Vaters zu heilen, als er die Krankheit im Endstadium hatte. Sie konnte ihn zwar nicht mehr retten, fand aber die Grundlagen für die Unsterblichkeit.« Ihr Gesicht zeigte eine Bitterkeit, die James nicht von ihr erwartet hatte.

Mit einem sanften Ruck setzte der Bus auf der Landefläche des Spiral Genetics Towers auf. »Haben Sie sonst noch Fragen oder kann ich aussteigen?«

»Eine letzte Frage noch, Frau Rhee«, sagte James und schaute sie aufmerksam an. »Ist Ihnen an dem Verhalten von Frau Ma-Mayers in den letzten Tagen irgendetwas aufgefallen?«

»Sie hatte Heimweh und hat oft von ihrem Vater erzählt. Außerdem hat sie von ihm und ihrer Mutter geträumt. Merkwürdig, nicht wahr?«

»Sehr merkwürdig. Vielen Dank für Ihre Mitarbeit, Frau Rhee.«

»Agents«, sagte sie und verschwand in der Fahrstuhltür.

»Das war nicht besonders hilfreich«, fand Julia laut und hielt mit beiden Armen ihren Rock fest, der vom Wind auf der Landeplattform sonst hochgewirbelt worden wäre.

»Lassen Sie uns in unser Büro fliegen, da können wir sicher reden«, bot Simone an, als der Gleiter hinter ihnen auf der Plattform landete.

Über einem verlassenen Fabrikgelände irgendwo in Los Angeles senkte sich der Gleiter, um dann mit einer unangenehm hohen Geschwindigkeit in einer Tiefgarage zu verschwinden, die unter einem alten Bürogebäude lag.

»Sie haben einen gewissen Sinn für Dramatik, was?«, fragte James, als der Gleiter entgegen seinen Erwartungen doch noch sicher gelandet war. Sie kamen aus der Tiefgarage auf dem Weg nach oben durch schmutzige Korridore, die kaum merklich nach Schimmel rochen. Mit der rechten Hand hatte er sich am Arm von Julia eingehakt, die sich fürsorglich seiner Geschwindigkeit anpasste.

»Wir haben diesen Komplex gerade erst übernommen und bleiben nicht lange«, meinte Simone unbeteiligt und öffnete die Tür zu einem schlichten Besprechungsraum, der zum Glück sauber und frisch gestrichen war. Langsam ließ sich James auf einen der blauen Konferenzstühle nieder, der an dem runden Besprechungstisch stand. Manchmal hatte er Rückenschmerzen, wenn er sich zu schnell bewegte. Simone und Julia setzten sich dicht neben ihn an den Tisch. Seine Frau Lea hatte es immer geärgert, wenn andere Frauen seine Nähe suchten. Oft war sie unfreundlich dazwischen gegangen und hatte eifersüchtig andere Frauen verjagt. Der Streit danach wurde dann meist mit einer sehr intensiven körperlichen Versöhnung gefeiert, die James sehr genoss, so dass er ab und an selbst mit anderen Frauen flirtete, wenn Lea dabei war. Merkwürdig, dass auch weibliche Androiden seine Nähe suchten. Obwohl er wirklich nichts dagegen hatte, denn sie fühlte sich fast wie eine echte Frau an. Warm und angenehm.

Ein Serviceroboter nahm ihre Bestellungen auf, als Simone ein Stück von ihm abrückte und die Moderation übernahm. »Was ist Ihnen besonders aufgefallen, James?«

»Sommersprossen würden gut zu ihr passen«, dachte er. »Nach Ihren Erklärungen, Julia, gehe ich davon aus, dass der Schutzkreis funktioniert hat und von außen keine Einflüsse einwirken konnten. Ich halte die Ausführungen von Dorothea Rhee für glaubhaft.« Er wandte sich zu Julia. »Hatten die beiden Frauen in der letzten Zeit Affären? Wie sind sie aufgetreten? Gab es Streitigkeiten oder Differenzen zwischen ihnen in der Öffentlichkeit?«

Sie schwiegen, als der Serviceroboter die Getränke vor ihnen abstellte und wieder den Raum verließ. Für einen koffeinfreien Latte Macchiato war der Geschmack etwas zu streng.

»Zentral hat gerade alle vorliegenden Aufzeichnungen der letzten zwei Jahre auf Differenzen analysiert, die aufgrund der umfassenden Überwachung durch den Schutzkreis gespeichert sind. Es gibt nur die zwischen Paaren normalen Meinungsverschiedenheiten, die aber in der Öffentlichkeit nicht ausgetragen wurde. Beide Partner waren durchaus geneigt, außerhalb der Beziehung zu flirten. Es kam aber nicht zu Geschlechtsverkehr außerhalb der Partnerschaft und neu entstandene Kontakte wurden nicht weiter geführt. Die Wahrscheinlichkeit, dass Dorothea Rhee ihre Partnerin aus einem Beziehungskonflikt getötet haben könnte, liegt bei drei Prozent.«

Beeindruckt hörte James zu. Wenn sich sogar Zentral einschaltete, hatte der Tod von Monica Ma-Myers wirklich eine außerordentlich hohe Priorität. Es war vielleicht eine Möglichkeit, die Frage nach dem letzten Projekt beantwortet zu bekommen.

»Mir scheint es sehr wichtig zu sein, dass wir Informationen über das letzte Projekt von Rhee und Ma-Myers bekommen, das vor einem halben Jahr abgeschlossen wurde. Können Sie darüber berichten?«

»Einen Moment bitte.« Die Androidin schaute für mehrere Minuten einfach nur gerade aus, als plötzlich auf dem freien Stuhl das Holo eines Mannes in einem altmodischen Nadelstreifenanzug erschien.

»Guten Tag. Mein Name ist Paul Anderson, ich bin Staatssekretär im Außenministerium.« Eindringlich wandte er sich an James. »Zentral hat mich gebeten, ihnen Informationen über die Unsterblichkeitsbehandlung oder Immortalität, wie wir es nennen, zukommen zu lassen. Ich kann Zentrals Bitte nicht ablehnen, auch wenn ich mit der Vorgehensweise nicht einverstanden bin. Sie sind Geheimnisträger der höchsten Sicherheitsstufe und Geheimnisverrat wird mit lebenslangen Gefängnis bestraft. Ist Ihnen das klar?«

In seinem Leben hatte James schon einiges an Drohungen gehört, die ihn wenig beeindruckt hatten. Zum Ende seiner Dienstzeit schien es allerdings noch einmal sehr interessant zu werden. Außerdem hatte er nicht mehr so viel Leben, um es hinter Gittern zu verschwenden. »Selbstverständlich, Sir«, antwortete er ruhig.

»Die Immortilität ist eine der wichtigsten Säulen der amerikanischen Außenpolitik und ersetzt ungefähr hundert Flugzeugträger.« Anderson beugte sich vor und schaute sie der Reihe nach eindringlich an. »Politiker auf der ganzen Welt in dauerhaft bestehenden Führungsverhältnissen wünschen sich die Unsterblichkeit für sich und ihre Familien. Das gilt gerade für den arabischen Raum. Es ist ein Geschäft, dass auf Gegenseitigkeit beruht.« Mit einem Lächeln lehnte er sich zurück. »Die Führungskräfte in unseren Partnerländern berücksichtigen die Menschenrechte stärker in ihrer Innenpolitik und heben den Wohlstand der Bevölkerung, indem sie verstärkt amerikanische Unternehmen bei Investitionsentscheidungen einbeziehen. Dafür bekommen sie und ihre Familien monatlich eine Tablettenlieferung, die für ewige Jugend und Schönheit sorgt. Verstehen Sie jetzt, wieso das eine außenpolitische Säule ist?« James nickte.

»Wenn das Vertrauen in die Immortalität wegbricht, bricht auch ein wesentlicher Teil der amerikanischen Außenpolitik weg. Ein anderer Punkt ist die Exklusivität. Wir konnten bisher erfolgreich verhindern, dass Forschungen anderer Nationen in diesem Bereich zu Ergebnissen führten. Wenn Sie verstehen, was ich meine?«, fragte Anderson eindringlich.

»Durchaus«, antwortete James, der den Staatssekretär unsympathisch fand. »Dann steht das letzte Projekt damit in Zusammenhang?«

»Monica hatte die Idee, die Unsterblichkeit für jeden Menschen zugänglich zu machen. Sie hat die Behandlung so vereinfacht, dass jeder für zehntausend neue Dollar und ohne weitere Medikamenteneinnahme unsterblich werden kann.« Anderson lehnte sich zurück und ließ die Worte wirken.

War das für James eine Möglichkeit, unsterblich zu werden? Er hätte einen so wundervollen Körper wie Rhee oder Ma-Myers, würde weiterhin Mordfälle aufklären und einfach leben.

Diese Überlegungen schienen sich auf seinem Gesicht zu spiegeln, als Anderson schnell weiter redete. »Die Auswirkungen auf die Ökologie des Planeten und den gesellschaftlichen Zusammenhalt wären äußerst negativ. Zentral hat errechnet, dass während der Implementierungsphase Unruhen ausbrechen würden und sich danach die Bevölkerungszahl innerhalb von einer Generation verdoppeln würde. Kriege und der Zusammenbruch der globalen Strukturen wäre die Folge. Das können wir nicht verantworten, darum haben wir die Behandlungssituation nicht geändert und die wissenschaftlichen Daten gesperrt.«

»Zum Wohle der Menschheit«, bemerkte James. Im nächsten Moment wunderte er sich, dass er den Mut aufbrachte, einen derartigen Sarkasmus an den Tag zu legen.

»Das genau ist der Grund, weshalb ich Sie nur auf Bitten von Zentral informiert habe«, antwortete Anderson bissig.

James unterdrückte jeden weiteren persönlichen Kommentar. Seine Aufgabe war es, einen möglichen Mordfall aufzuklären. Ihm war klar, dass er niemals zu den Unsterblichen gehören würde. Jeder Diktator, der Tausende seiner Landsleute umgebracht hatte und das nötige Kleingeld besaß, würde eher unsterblich werden als er. War das gerecht? In den sechzig Jahren seines Berufes hatte er gelernt, dass Gerechtigkeit spätestens vor Gericht eine Auslegungssache und eine Frage der aktuell gültigen Gesetze war. Professionell zu sein hieß für ihn, einen Sachverhalt so weit aufzuklären, dass er Unschuldige entlastete, es für einen Staatsanwalt einen Grund zur Anklage und für ein Gericht eine Möglichkeit für einen Beschluss gab. Klar, eindeutig und sauber sollte die Faktenlage sein.

»Wie haben Rhee und Ma-Myers darauf reagiert?«, wollte er wissen.

»Rhee war zornig, Ma-Myers schockiert und enttäuscht. Sie drohten damit, ihre Mitarbeit einzustellen.« Anderson lächelte ein kleines, süffisantes Lächeln. »Dabei ist ihre Mitarbeit schon seit langer Zeit nicht mehr notwendig. Nachdem ihnen das klar geworden war, haben sie sich wieder beruhigt und sind in die Rockies zum Wandern gefahren.«

»Wurde Ma-Myers auch innerhalb des Labors überwacht?«, fragte James nachdenklich.

Anderson schüttelte leicht den Kopf. »Nein, das hatte sie strikt untersagt.«

»Dann gehe ich davon aus, dass es sich bei dem Tod von Monica Ma-Myers auch um einen Selbstmord handeln könnte.«

Julia bekam wieder einen starren Blick. »Zentral meint, dass aufgrund der Persönlichkeitsstruktur nur eine Wahrscheinlichkeit von 8 Prozent besteht, dass sich Ma-Myers selbst getötet hat. Durch die Überwachung kann auch ein geschickt durchgeführter Selbstmord zu 99,98 Prozent ausgeschlossen werden.«

»Wie sieht es mit diesem Finanzmanager, diesem Barge, aus?«, fragte er Julia, die wieder einen leicht träumerischen Gesichtsausdruck annahm.

»Zentral hat ihn als finanzmarktrelevante Persönlichkeit eingestuft und überwacht Barge seit zehn Jahren permanent. Er schließt eine Beteiligung von Barge zu hundert Prozent aus.«

»Wenn sich nicht noch weitere Erkenntnisse ergeben, gehe ich von einem natürlichen Tod aus«, sagte James.

»Das kann überhaupt nicht sein«, explodierte Anderson und sprang auf. »Es gab keine inneren Verletzungen, alle Organe funktionieren perfekt! Was sollen wir den Partnern erzählen?«

Leise antwortete James. »Ich kann verstehen, dass eine derartige Vermutung schlecht für Ihre Außenpolitik ist, Sir. Andererseits kann ich zum jetzigen Zeitpunkt aufgrund der Faktenlage und meiner langjährigen Berufserfahrung keine andere Entscheidung treffen. Oder hat Zentral noch andere Daten? Wurde der Körper inzwischen im Labor von Spiral Genomics untersucht?«

Julia schüttelte den Kopf. »Die Untersuchung im Labor hat die Daten des Pathologen bestätigt. Es wurde nichts gefunden.«

»Dann würde ich jetzt gern nach Hause und mich etwas ausruhen.« Er lächelte Julia an. »Für einen Neunzigjährigen kurz vor der Pensionierung reicht die Aufregung von heute. Darf ich dem Commissioner davon erzählen?«

Das »Nein« kam fast im Chor.

Roboter

Die Schreibtischplatte vor James war bis auf die Tastatur und den kleinen, grauen Holoprojektor leer. Bei einigen früheren Fällen hatte er Steckbriefe, Indizien oder Bilder von den Tatorten so angeordnet, dass das Holo bis über beide Seiten des Schreibtisches und fast an die Decke reichte. So ähnlich sah gerade das Holo auf Andys Schreibtisch aus, die seit dem dummen Spruch von Ken über ihre Oberweite kaum ein Wort mit ihm gewechselt hatte und anscheinend genoss, beleidigt zu sein.

In der Schublade seines Schreibtisches lagen der Betäubungsstrahler und ein graues Notizpad, das nicht mehr funktionierte. Frank hatte es immer benutzt, um bei den Ermittlungen Aufnahmen zu machen oder seine Gedanken zu notieren. Es war jetzt rund fünfzig Jahre her, dass er mit ihm zusammen Mordfälle im Departement aufgeklärt hatte. Von ihm hatte er gelernt, sich in die Opfer und die Mörder hinein zu versetzen und den Nutzen zu finden, den ein Mörder durch seine Tat hatte. Mit seinen breiten Schultern, dem strahlenden Lächeln und den natürlichen blonden Locken hatten sie eine Menge »Zeuginnen« von einer engen »Zusammenarbeit« überzeugen können, wie Frank immer grinsend gesagt hatte. Das war schlagartig vorbei, als James Lea kennenlernte und mit ihr in einer festen Beziehung lebte. Während er zum braven Ehemann und Vater wurde, der pünktlich abends nach Hause kam und mit seinem Sohn spielte, zog Frank weiter durch die Bars und fand »Zeuginnen« seiner Männlichkeit. Das ging so lange gut, bis Frank ein rasend eifersüchtiger Ehemann ein Messer in das Herz rammte.

Was würde er dafür geben, noch einmal mit Frank nach dem Dienst zu Mo´s Bar zu gehen, zu lachen, ein Bier zu trinken und sich neue Streiche auszudenken, mit denen sie Miss Kim, die alte Abteilungssekretärin, ärgern konnten.

In Gedanken kehrte er noch einmal zu dem Gespräch von gestern zurück. Wenn sich jeder für zehntausend neue Dollar die Unsterblichkeit kaufen könnte, würde sich die Gesellschaft in der Tat stark ändern. Allerdings glaubte James nicht daran, dass es zu Mord und Totschlag kommen würde, wie der Staatssekretär befürchtet hatte. Wenn jeder die Unsterblichkeit zu verlieren hätte, wären alle viel vorsichtiger miteinander. Es würde weniger Streitigkeiten geben, weniger Gewalt, weil jeder ein unendlich langes Leben zu verlieren hätte. Anderson wollte einfach die Macht behalten, als Herr über Leben und Tod Politik machen zu können und schob Zentral vor. Und er war jetzt Geheimnisträger und fühlte sich zu alt, um das Ganze an die Öffentlichkeit zu bringen. In drei Monaten würde er diesen Schreibtisch einem jüngeren überlassen, der mit etwas Glück auch nach zwei Generationen in den Ruhestand gehen würde. Vielleicht hätte er einen Kurs an der Volkshochschule belegen sollen, wie man erfolgreich in den Ruhestand geht und sich neue Ziele im »goldenen« Lebensalter sucht.

»Hallo James«, sagte Simone, die plötzlich neben ihm stand. Langsam stand er auf und begrüßte sie freundlich.

»Kommen Sie bitte mit. Wir haben etwas mit Ihnen zu besprechen«, sagte sie und ging mit ihm zum Fahrstuhl. »Der Commissioner hat sie an uns delegiert. Julia ist schon im Gleiter.«

»Wie geht es Ihnen mit dem, was sie gestern gehört haben?«, fragte er sie offen auf dem Weg zum Fahrstuhl, obwohl er wusste, dass sie jederzeit abgehört werden könnten.

»Ich kann nichts daran ändern«, sagte sie ernst. »Da ich nicht alle Fakten kenne, kann ich nur darauf vertrauen, dass der Präsident und seine Beamten die richtige Entscheidung treffen.«

»Und was würden Sie tun, wenn Sie die Entscheidung treffen müssten?«, fragte er nachdrücklich, obwohl er merkte, dass ihr das Gespräch unangenehm war.

»Zum Glück muss ich keine Entscheidung treffen«, sagte sie ebenso bestimmt und drückte auf den Fahrstuhlknopf für den Dachparkplatz. Summend fuhr der Fahrstuhl an.

»Die Menschen würden alle viel vorsichtiger miteinander umgehen und es würde viel ruhiger und friedlicher auf diesem

Planeten zu gehen«, sagte er leise. »Alle hätten viel zu verlieren.«

Simone antwortete nicht, sondern zeigte auf den blauen Hochgeschwindigkeitsgleiter, der am Ende des Dachs parkte und das Wappen des FBI trug. Neben dem Flugzeug stand Julia in einem schlichten dunkelblauen Etuikleid mit einer weißen Strickjacke.

»Julia, meine Liebe«, sagte er, als sie ihm entgegenkam. Er beschloss, sich einen Spaß zu machen, nahm sie einfach in den Arm und herzte sie auf beide Wangen. Etwas irritiert stieg Julia mit ihm in den Gleiter, während Simone grinsend in den Pilotensitz kletterte. Kaum hatte sich das Cockpit des Überschallgleiters geschlossen, beschleunigte das Flugzeug mit atemberaubender Geschwindigkeit und raste steil in den Himmel, bis sie den oberen Luftkorridor erreicht hatten.

»Können Sie mir schon sagen, wer gestorben ist?«, fragte James neugierig.

»Es ist Robert Leclerc«, sagte Julia, die sich an ihn gekuschelt hatte. Damit hatte James nicht gerechnet. Obwohl sie eine Androidin war, genoss er es einfach, denn es war lange her, dass ihm jemand so nah war. Wieso konnte er mit seiner eigenen Enkelin nicht einfach ein liebevolles Verhältnis haben? Die Antwort war ihm klar – er hatte sich kaum um sie gekümmert, als sie klein war. Sein Sohn hatte einen Job in San Franzisco angenommen. Nachdem sie umgezogen waren, hatte ihm der Beruf kaum Zeit gelassen und sie hatten das Kind nur zwei oder drei Mal im Jahr gesehen. Eine richtige Beziehung zu seinem Enkelkind hatte sich damit nicht entwickelt.

»Der Erfinder des Haushaltsroboter und Aufsichtsratsvorsitzender von United Robotics?«, fragte er ungläubig. Damit war die Nummer zwei der Unsterblichen in die ewigen Jagdgründe gegangen. Bei dem Gedanken, dass Anderson wütend auf seinem Bürostuhl hin und her springen würde, fing er an zu grinsen.

»Was ist denn daran so lustig?«, fragte Julia erstaunt und James beschloss, ihr die Wahrheit zu sagen.

»Ich glaube nicht, dass Staatssekretär Anderson besonders amüsiert ist«, antwortete James wieder ernsthaft.

»Er ließ uns mitteilen, dass er außerordentlich beunruhigt ist. Außerdem hatte er darum gebeten, dass ein anderes Ermittlerteam eingesetzt wird.« Jetzt lächelte sie auch. »Zentral hat darauf bestanden, dass wir drei auch in diesem Fall ermitteln. Ohne eine weitere Begründung.«

»Wir fliegen nach San Franzisco ins Nappa Valley zu dem Weingut von Leclerc. Seine Frau hat seinen Tod gerade gemeldet und wartet auf uns neben seinem Leichnam. Ihr Freund Dr. Kenneth wird von zu Hause abgeholt und ebenfalls mit einem mobilen Scanner hingebracht. Zentral erhofft sich davon eine klarere Datenlage.« Für einen Moment sah Julia aus dem Fenster, als ob sie die schnell vorüber ziehende Landschaft betrachten wollte. »Haben Sie eine Idee, James, wieso Zentral gerade Sie und Dr. Kenneth gegen den Wunsch eines Staatssekretärs durchgesetzt hat?«

Brauchen Androiden Makeup oder wird die Textur der Haut bereits so hergestellt, dass das Gesicht ausdrucksstark betont wird? Julia war ein Stück von ihm abgerückt und sah ihn fragend an.

»Wir arbeiten seit rund dreißig Jahren zusammen und haben in Santa Barbara in dieser Zeit gemeinsam einige spektakuläre Fälle gelöst. Er ist ein Mediziner mit kriminalistischem Gespür, und ich bin ein Ermittler mit medizinischem Verständnis«, sagte er lächelnd. »Wir beide verstehen uns, ohne dass wir miteinander reden müssen. Vielleicht ist Zentral die alten Fälle durchgegangen und hat erkannt, dass wir gut zusammen arbeiten. Und mit Euch beiden klugen Agents werden wir auch diese Fälle aufklären, nicht wahr?«

Simone hatte den Sitz umgedreht und versuchte, professionell und sachlich auszusehen, konnte aber ein Lächeln nicht unterdrücken. Der Gleiter senkte die Nase nach vorn und sie stellte den Sitz wieder in Flugrichtung, als das Flugzeug fast wie ein Stein fiel. Die Schwerkraftdämpfer konnten den Sturz nicht ganz ausgleichen. Das flaue Gefühl hörte schlagartig auf, als der Gleiter die Geschwindigkeit stark reduzierte und auf einer Wiese neben einem alten Landhaus aufsetzte. Erleichtert stiegen sie aus und gingen auf den leger gekleideten Mann zu, der am Rand der Wiese wartete.

Erstaunt stellte James am Händedruck fest, dass der persönliche Assistent von Robert Leclerc ein echter Mensch mit dem Namen Albert Mroz war, der sie über einen Schotterweg zu dem großen Landhaus im spanischen Stil führte. Im Innern war es schlicht, aber gemütlich eingerichtet und war damit der Gegensatz zu dem Schloss von Ma-Myers. Von dem großen Wohnzimmer mit rustikalen Holzmöbeln, einem endlos langen Esstisch aus Eichenholz und einem großen, aus Feldsteinen gemauerten Kamin führte ein Korridor zum Schlafzimmer des Hauses, an dessen Tür der Assistent vorsichtig klopfte. Eine kleine, mollige Frau in einem weißen Bademantel saß auf der linken Seite des Bettes und schaute traurig auf den Mann, der friedlich unter dem Deckbett lag. Sie schaute auf, als die drei durch die Tür kamen und sprang auf.

»Julia, wie schön, dass Du gekommen bist.« Sie umarmte sie herzlich und es schien, als ob sie sie gar nicht mehr loslassen wollte. Wie erstarrt ließ die Androidin das heftige Streicheln ihres Rückens über sich ergehen, bis sie schließlich »Mum« sagte und die ältere Frau ebenfalls in den Arm nahm.

»Es ist so traurig, dass Dad nicht mehr da ist, Mum«, sagte sie liebevoll zu der Frau in ihren Armen und drückte ihre Wange auf den Kopf, während Tränen aus ihren Augen liefen. Erstaunt blickten Simone und James auf die Szene.

»Entschuldigen Sie bitte, dass ich Sie nicht gleich begrüßt habe«, sagte Margret, nachdem sie sich von Julia getrennt hatte und nickte Simone und James zu.

»Mein Beileid zu Ihrem großen Verlust«, sagte Simone und schüttelte die Hand von Margret Leclerc, ebenso wie James.

»Woher kennen Sie sich?«, fragte James interessiert.

Margret hatte sich wieder neben Julia gestellt und liebevoll ihren Arm um ihre Taille gelegt. Ihre Haare standen unfrisiert von ihrem Kopf ab. »Oh, Julia ist eins von Bobs Babys, wie er seine Lieblingsandroiden genannt hat. Sie ist aus der Ja-Serie, in der die Mädchen alle ein »Ja« im Namen haben. Sonja, Tatjana, Anja, Katja, Silja, Nadja, Finja, Jana und natürlich die liebe Julia hier. Alle sind sie einzigartig und wunderbare Wesen, in die Bob seine ganze Liebe hinein gelegt hat. Es war für ihn so, als ob er die Töchter schaffen würde, die wir niemals hatten und die ich mir immer so gewünscht habe.« Liebevoll schaute sie Julia an, die ihren Blick erwiderte. Julia fing vor Freude an zu strahlen, als die Tür aufging und ein weiteres Mädchen in den Raum trat, die auf den ersten Blick als ihre Schwester zu erkennen war. Sie hatte blonde lange Haare und trug ein kariertes Hemd offen über einer Jeans. Beide jungen Frauen umarmten sich und fingen an zu schluchzen.

»Das ist Letitia, die Schwester von Julia. Sie ist mit Jana bei uns geblieben, während die anderen Mädchen in die Welt hinaus gezogen sind. Leider konnten wir nicht zu allen Kontakt halten. Was machst Du jetzt, Julia?«

»Ich bin special agent beim FBI«, sagte sie strahlend, »und es ist richtig spannend.«

»Wie wunderbar, Liebes, da musst Du mir wirklich alles drüber erzählen, nicht wahr?«, fragte Margret Leclerc neugierig.

»Entschuldige bitte, Mum, aber das ist streng geheim. Aber ich lerne so tolle Leute wie Simone und James hier kennen«, sagte sie mit blitzenden Augen und zeigte auf die beiden.

»Dein Dad war so stolz auf Dich, mein Schatz«, sagte sie zärtlich und wandte sich dann dem anderen Mädchen zu. »Und auf Dich auch, Letitia.«

»Das wissen wir doch, Mum«, antworteten beide gleichzeitig. James hatte das Gefühl, das die ganze Szene gerade in einer Familienserie im Holo erscheinen würde.

»Wenn Sie bitte diesen Raum verlassen würden, wir möchten uns gern den Tatort ansehen«, sagte James sehr bestimmt und zeigte mit offenen Armen auf die Tür.

»Tatort? Wieso Tatort?« Margret Leclerc schaute ihn verwirrt an. »Meinen Sie nicht, dass Bob eines ganz natürlichen Todes gestorben ist?«

James hielt es nicht für sinnvoll, mit ihr darüber zu diskutieren. »Das ist sehr wahrscheinlich. Bitte haben Sie Verständnis, dass wir uns gründlich davon überzeugen. Dazu gehört auch, dass wir einen unnatürlichen Tod einfach ausschließen. Wann haben Sie ihn denn gefunden?«

»Ich bin heute wie jeden Morgen um halb sieben aufgestanden, um mich um das Gut zu kümmern. Weil er nicht auf den Wecker reagiert hat, dachte ich, dass ich ihn einfach mal länger schlafen lasse.« Margret Leclerc zog ein Taschentuch heraus und putzte sich die Nase. »Wir haben die letzten Tage lange gearbeitet, um die Lese vorzubereiten. Vielleicht hat er sich übernommen. Das könnte doch sein, nicht wahr?«, fragte sie traurig. »Um halb neun wollte ich ihn aus dem Bett holen und habe ihn an der Hand gefasst. Da war er ganz kalt.« Sie drückte ihr Gesicht in die Hände und schluchzte laut. Beide Androidinnen fingen ebenfalls an zu weinen und nahmen ihre Mutter in die Arme.

Simone legte die Hand auf den Arm von Letitia und bat sie, ihre Mutter in die Küche zu bringen. Als Julia mitgehen wollte, wurde Simones Stimme klar und durchdringend. »Agent Julia Martin, wir brauchen Sie hier. Sie zeichnen den Tatort auf?«

»Jawohl, Madam«, sagte Androidin und stellte sich gerade hin. Ihre Tränen versiegten sofort.

»Bitte überprüfen Sie mit ihren Sensoren, ob es irgendwelche außergewöhnlichen Hinweise in diesem Raum gibt«, ergänzte sie und deutete James, mit ihr den Raum zu verlassen.

Nach einigen Minuten rief Julia beide wieder in den Raum. Sie hatte das Deckbett von dem Mann abgenommen, der in einem karierten Schlafanzug ruhig auf dem Rücken lag. Im Gegensatz zu Monica Ma-Myers hatte sich Robert Leclerc nicht in einen Gott verwandelt. In seinem Gesicht waren kleine rote Äderchen zu sehen, die tiefe Poren durchzogen und im Bart verschwanden, der struppig grau fast das ganze Gesicht bedeckte. Auf James machte Bob Leclerc nicht den Eindruck eines genialen Wissenschaftlers und Erfinders, sondern eher den eines Landwirtes oder Mechanikers.

Simone schien seine Ansicht zu teilen. »Den unsterblichen Robert Leclerc hatte ich mir anders vorgestellt«, sagte sie und deckte die Leiche wieder zu.

»Es gibt keine Hinweise auf außergewöhnliche Vorkommnisse. Nach Zentrals Datenanalyse handelt es sich um einen vollkommen normalen Raum«, bemerkte Julia.

»Zentral hat den Raum ebenfalls gescannt?« James fand es bemerkenswert, dass der Hauptcomputer der USA sofort reagiert hatte.

»Jeder Unsterbliche wird zur Zeit von seinem inneren Schutzkreis von Mikrodrohnen gesundheitlich überwacht. Zentral hat daher den exakten Ablauf des Todes von Robert Leclerc. Heute Nacht um vier Uhr und zweiundvierzig hat sein Herz ohne einen ersichtlichen Grund ausgesetzt. Sofort eingeleitete Wiederbelebungsmaßnahmen durch Drohnen des Schutzkreises blieben erfolglos.« Julia schien wieder in der professionellen Rolle der Agentin zu sein.

»Schön, dass wir das jetzt auch erfahren«, antwortete James etwas ungehalten. Wieso übernahm Zentral nicht die Ermittlungen selbst, wenn er sowieso alles überwachte? Ihre Anstrengungen schienen nur noch ein Alibi zu sein, damit Menschen nicht das Gefühl hatten, der allmächtige Zentral würde sie entmachten.

»Wieso haben Sie uns nicht gesagt, dass Sie«, Simone zögerte bei der Frage für einen Moment, so absurd schien sie ihr zu sein, »hier aufgewachsen sind?«

»Meine Gedächtnisdateien wurden bei der Lieferung an das FBI blockiert und wurden erst durch Zentral wieder aktiviert, als mich Mum in den Arm nahm«, sagte sie ruhig.

»Hallo, hier ist der Doktor auf Hausbesuch.« Gut gelaunt kam Ken durch die Tür, dicht gefolgt von einem Sanitätsroboter. »Wo ist denn unser Patient?« Er schüttelte allen die Hand, um sich dann neben das Bett zu stellen. Wie immer bei seinen »Hausbesuchen« wirkte er durch den dunklen Anzug sehr seriös und vertrauenserweckend.

Interessiert schaute er auf die Leiche. »Er scheint es ja nicht so ernst damit genommen zu haben, sich selbst in einen Gott zu verwandeln.« Mit einer Handbewegung forderte er den Sanitätsroboter auf, den Scanner aus der Tasche zu holen. Die rund einen Meter lange blaue Röhre schwebte aus der Tasche über den Körper, leuchtete plötzlich in einem intensiven Blau und bewegte sich langsam über den Körper hinweg. »Im Gegensatz zu Monica hat Mister Leclerc es vorgezogen, seinen recht guten Gesundheitszustand einfach nur konservieren zu lassen«, meinte Ken in einem nachdenklichen Tonfall.

»Keine Verbesserungen?«, fragte James nach.

»Jim, insgesamt wurde der Körper schon wesentlich leistungsfähiger gemacht und auf das Leistungsniveau eines, sagen wir mal, vierzigjährigen gebracht. Aber es wurde darauf verzichtet, die Textur der Haut zu verändern oder ihn größer zu machen oder, oder, oder.« Mit der Bewegung eines Fingers scrollte er über das Tablet. »Besonders leistungsfähig sind Leber und Nieren, mit einer liebevollen Ausrichtung auf Whisky und Rotwein, von denen ich einiges an Abfallprodukten im Verdauungssystem finde. Außerdem hatte er eine Vorliebe für Steaks und Pommes. Salat war wohl nicht so seins«, grinste er.

»Kannst Du erkennen, woran er gestorben ist?«, fragte James, obwohl er die Antwort schon kannte.

»Bob Leclerc müsste eigentlich springlebendig auf der Bettkante sitzen und nach seinem Lieblingsfrühstück verlangen, das waren übrigens Rühreier mit Schinken«. Ken schüttelte bedauernd den Kopf. »Sorry, aber dieser Körper sollte perfekt arbeiten. Mein Scanner zeigt alle Daten im grünen Bereich. Keine Gifte, keine körperlichen Verletzungen bis auf einen blauen Fleck am linken Schienbein, keine inneren oder äußerlichen Verletzungen.« Für einen Augenblick überlegte der Pathologe. »Man könnte fast annehmen, dass es wie bei einem Haus ist, aus dem der Eigentümer einfach ausgezogen ist, es voll möbliert zurückgelassen hat und vor dem Gehen die Energie abgestellt hat. Ich habe keine Idee, woran er gestorben ist. Sorry, Jim, meine Damen.« Mit einem Druck auf das Tablet beendete Ken die Untersuchung, worauf der Scanner dunkel wurde und in die Tasche zurück schwebte.

Alle drei verließen das Schlafzimmer und gingen in das große Esszimmer zurück, in dem Margaret Leclerc und die Androidin Laetitia schon warteten. Julia stellte sich zu der älteren Frau und nahm ihre Hand.

»Wir können keine Ursachen für einen unnatürlichen Tod erkennen, Frau Leclerc«, sagte Simone und alle drei setzten sich mit an den Tisch. »Aus diesem Grund gehen wir davon aus, dass ihr Mann eines natürlichen Todes gestorben ist.«

Margret Leclerc konnte die Tränen nicht zurückhalten. Diesmal blieben die beiden Androidinnen ruhig. Laetitia sorgte für Getränke, während Julia ihre Mutter tröstete.

»Erinnerst Du Dich wieder an Deine Kindheit, Julia?«, fragte Simone interessiert. James fand die Frage merkwürdig, weil Androiden in einer Fabrik hergestellt und »erwachsen« ausgeliefert wurden.

»Ich erinnere mich wieder. Nachdem Mum mich umarmt hat, hat mir Zentral alle Erinnerungen frei gegeben«, sagte Julia, als Laetitia in der Küche den Latte Macchiato für James zischend aus der Espressomaschine laufen ließ. »Zentral meinte, es wäre nützlich bei den Ermittlungen.«

»Zentral hat ja wirklich viele Möglichkeiten«, meinte James in einem betont freundlichen Ton, obwohl ihn die Allmacht des Rechners und das Spiel mit Informationen störten.

»Ja, schick, nicht wahr? Er ist immer sehr nett zu mir. Ich glaube, er mag mich«, antwortete Julia, als Laetitia ein großes Tablett mit Getränken zum Tisch trug. Für einen Androiden verhielten sich Julia und Letitia wirklich außergewöhnlich. Normale Servicebots reagierten gar nicht auf Gefühle, und die Assistenzroboter konnten Gefühle eingeschränkt darstellen oder selbst ausdrücken. Julia und Letitia verhielten sich perfekt wie junge Frauen, die ihre Gefühle leben und sich in ihrer Familie wohl fühlen. Auch die Trauer um ihren Vater schien echt zu sein.

»Sie haben wirklich prachtvolle Mädchen, Frau Leclerc«, begann James die Befragung. »Wie viele sind es eigentlich insgesamt?«, fragte er neugierig nach.

»Es sind zwölf, Herr ...«, zögerte sie, weil sie seinen Namen vergessen hatte.

»Sagen Sie ruhig James zu mir – wenn ich Maggie sagen darf?« Er schenkte ihr sein charmantestes Lächeln.

»Ach was«, ging sie darauf ein und lächelte zurück, »wir sind hier alle unkompliziert.«

Simone nickte und nannte ebenfalls ihren Vornamen.

»Zwölf Mädchen, Jim. Bob nannte sie seine Fußballmannschaft mit Ersatzspielerin, und sie sind alle ziemlich gut im Fußball, nicht wahr, Schatz?«, fragte sie Letitia, die mit einem strahlenden Lächeln antwortete. »Bob hatte die Idee vor rund fünfundzwanzig Jahren, als wir das Weingut fertig aufgebaut hatten und er in der Firma fast nichts mehr zu tun hatte. Wir haben uns immer Kinder gewünscht und in der Aufbauphase der Firma damals darauf verzichtet.« Laetitia hatte sich neben sie gesetzt, so dass sie ihre Hand nehmen konnte. »Nach den ganzen Behandlungen für die Unsterblichkeit hätten wir zwar Kinder bekommen können, aber Monica riet uns aus ethischen Gründen davon ab. Wir sollten uns vorstellen, wie wir älter werden und unsere Kinder aufwachsen, alt werden und sterben, während wir unsterblich sind und ein Kind nach dem anderen verlieren. Das war so schrecklich, dass Bob und ich nach einer anderen Lösung suchten und auf die Idee kamen, unsere Mädchen zu erschaffen. Für jede Entwicklungsphase bekamen sie neue Körper.« Sie lächelte Letitia und Julia an.

»Wir sagten aus ganzem Herzen ›ja‹ zu der Idee, und so hat jedes Mädchen ein ja im Namen.«

Aus den Augenwinkeln sah James, wie ein dunkler Schatten über das Gesicht von Simone huschte, ein Anflug von Traurigkeit, den er zum ersten Mal bei ihr wahrnahm und der eigentlich gar nicht zu ihr passte.

»Bob und ich spendeten Sperma und Eizellen. Monica nahm einige befruchtete Zellen von uns und machte aus den Genen Computermodelle, die uns die Entwicklung der Mädchen in den einzelnen Lebensphasen zeigten. Bob hatte damit eine Vorlage, um daraus unsere Mädchen, unsere Kinder, zu erschaffen. Und sie sind so wundervoll geworden«, wiederholte Margret und schaute ihre Töchter mit großer Liebe an, wie sie nur eine wirkliche Mutter empfinden konnte. Sie strahlte eine solche Wärme aus, wie James es zum letzten Mal bei seiner eigenen Mutter gefühlt hatte.

»Sie waren mit Monica befreundet?«, fragte Simone freundlich nach.

»Oh ja, sie war begeistert, als wir ihr bei einem Barbecue hier auf dem Gut von unserer Idee erzählt haben«, sagte sie. »Alle Unsterblichen sind miteinander befreundet. Na ja, fast alle.« Ihr freundliches Gesicht verdunkelte sich. »Bill mag ich nicht.«

»Ist gestern irgendetwas Besonderes vorgefallen?«, fragte James, in dem er die Atempause von Maggie nutzte, um sie von weiteren Ausführungen über Unsterbliche abzuhalten.

»Wir haben den ganzen Tag Fässer vorbereitet und Bob hat zusammen mit einigen Arbeitern und den Robotern Maschinen gewartet. Wir machen hier das meiste noch ganz traditionell, müssen sie wissen«, lächelte sie ihn an.

»Und zum Abendbrot gab es dann ein T-Bone-Steak mit Zwiebeln und einer großen Folienkartoffel mit Dressing?«, fragte Ken.

»Ja, genau. Dann hat Bob noch einen Whiskey getrunken und dann sind wir ins Bett gegangen.«

»Hatte Ihr Mann Feinde, Maggie?«, wollte Simone wissen. »Oh ja, diesen schrecklichen Finanzhai, diesen Dieb, der uns unsere Mädchen weggenommen hat«, funkelte Maggie zu ihr hinüber, »diesen unmöglichen Menschen, diesen Bert Barge, der ihn mit Sicherheit umgebracht hat.« Ihr Zorn strahlte wie eine heiße Flamme, die Bert Barge mit Sicherheit verbrannt hätte, wäre er im Raum gewesen.

»Was ist denn passiert, Maggie?« James passte sich ihrer Sprechweise an und nahm ihre Körperhaltung ein.

»Er hat an der Börse Anteile an unserer Firma gekauft und dann lautstark verlangt, dass wir alles Geld aus der Firma an die Aktionäre verteilen. Auf Bob hat er herumgehackt, dass er das Geld der Firma für seine privaten Spielereien ausgeben würde!« Wütend wedelte sie mit den Händen vor seinem Gesicht. »Damit hat er unsere Mädchen gemeint! Zweihundert Millionen neue Dollar wären viel zu teuer für Androiden, die nur zur Gartenarbeit, zum Fußballspielen und als privater Familienersatz gedacht wären!« Mit hochrotem Gesicht war sie aufgesprungen, um mit kurzen Schritten um den Tisch zu laufen. »Dabei haben Bobs Entwicklungen mit den Mädchen die Robotik revolutioniert! Was für ein gemeiner Mensch!« Während sie ihren Gang um den Tisch fortsetzte, schimpfte sie ununterbrochen weiter und bedachte Bert Barge mit Schimpfwörtern, von denen James niemals angenommen hatte, dass sie sie kennen würde.

Als sie Luft holte, unterbrach Simone ihren Redefluss. »Zweihundert Millionen für alle Mädchen?«, fragte sie vorsichtig nach.

»Für ein Mädchen«, antwortete Maggie und beruhigte sich etwas. »Und dann hat er uns gezwungen, die Mädchen zu verkaufen!« Ihre Stimme überschlug sich fast. »Als ob sie Sklavinnen wären, die man auf dem Markt verschachern kann! Wir sind hier doch nicht im alten Rom!« Sie atmete tief durch und nahm ihren Marsch um den Tisch wieder auf. »Zum Glück haben die anderen Unsterblichen die Mädchen gekauft, bis auf Bill. Und das ist auch gut so. Sehr gefreut habe ich mich, dass Silja zu Monica und Dorothee gekommen ist. Da hat sie es gut.«

Für einen Moment überlegte James, ob er Maggie sagen sollte, dass das Gedächtnis von Silja ebenso gesperrt war wie das von Julia. Schließlich hatten sich Silja und Julia nicht erkannt, als sie sich auf dem Anwesen von Ma-Myers getroffen hatten. Er verzichtete aber darauf, um sie nicht noch mehr aufzuregen.

»Haben Sie eine Idee, wie Bert Barge ihren Mann umgebracht haben könnte?«, fragte Simone, als Maggie nach einer erneuten Schimpfkanonade Luft holte.

»Das ist doch ganz klar! Er hat ihm das Herz gebrochen! Der ganze Ärger in der Firma und dann auch noch die Mädchen stehlen. Das hält doch niemand aus.« Liebevoll schaute sie auf Letitia und Julia. »Aber ich muß doch für Letitia und Julia da sein, nicht wahr, ihr Lieben?«

Beide Androidinnen liefen auf ihre Mutter zu und umschlangen sie mit ihren Armen, bis alle drei eine schluchzende Gruppe bildeten, bei der niemand der Anwesenden mehr sagen konnte, welche Tränen aus welchem Auge stammten.

Auch aus Simones Augen flossen kleine Tränen, kleine Perlen, die glitzernde Streifen auf ihren Wangen hinterließen. Etwas schien sie zu bewegen, ein starkes Gefühl, dass James schon vorhin im Schlafzimmer aufgefallen war. Er ging zu ihr und legte sanft die Hand auf den Arm.

»Alles in Ordnung?«, fragte er leise und reichte Simone ein Papiertaschentuch, mit dem sie sich die Tränen abtupfte.

»Alles in Ordnung«, antwortete sie leise, bemüht darum, die Fassung wieder zu gewinnen. »Wenn ich Kinder hätte, wäre es so schön, wenn sie so wären wie diese beiden.«

James ließ die Hand auf ihrem Arm liegen. »Sie können doch Kinder bekommen. Bis zum sechzigsten Lebensjahr ist das ohne Weiteres möglich.«

»So alt möchte ich nicht werden. Und wenn ich jetzt Kinder bekomme, dann ist meine Karriere zu Ende.« Mit der freien Hand holte sie sich ein Taschentuch aus der Hosentasche.

»Mein Freund möchte gern mit mir Kinder haben.«

»Dann ist doch alles gut, oder etwa nicht?«, fragte James teilnahmsvoll. »Wieso gründen Sie nicht einfach eine Familie?«

Sie seufzte tief, und die harte Schale der Ermittlerin fiel einfach von ihr ab. Übrig blieb eine junge Frau, die von ihren Gefühlen hin und her gerissen wurde und mit ihren Blicken die Antwort auf dem Boden suchte.

»Mein Vater war Strassenpolizist, mein Großvater und mein Urgroßvater auch. Alle haben ihre Leben damit verbracht, Streit zwischen Betrunkenen zu schlichten, randalierende Ehemänner festzunehmen oder den Verkehr zu regeln.« Simone schaute James traurig an. »Als ich ganz klein war, nahm mich mein Grandpa auf den Schoß und sagte mir, dass die Menschen schlecht sind und dass die Familie Carlos für Ordnung sorgt. Sie waren so stolz auf mich, als mich die Akademie angenommen hat, und sie waren begeistert, als ich zum Agent ernannt wurde.« Sie seufzte leise, als sie sich erinnerte. »Und wenn ich jetzt meinen Job hinwerfe und Kinder bekomme, wird Dad maßlos enttäuscht sein.«

Maggie schien ein natürliches Gespür für junge Frauen in Not zu haben. Sie schob die beiden Mädchen zur Seite, kam um den Tisch herum und legte Simone die Hand auf den Arm, während die ihre Tränen abtupfte.

»Können Sie nicht einfach später nach den Kindern in den Job zurück?«, fragte Maggie neugierig.

»Das soll bei meinem Job gehen, aber ich weiß nicht, ob ich dann wieder in die Ermittlungsgruppe hinein komme.«

Maggie schob einen Stuhl beiseite, zog und schob Simone auf den leeren Platz. »Schatz«, sagte sie zu Simone, nahm sie einfach mit in ihre Familie auf und setzte sich neben sie. »Viel zu lange habe ich auf eigene Kinder verzichtet, weil die Firma aufgebaut werden musste, weil es Ärger am Aktienmarkt gab, weil ein Finanzpartner ausgestiegen war, weil ein Aufsichtsrat Machtspielchen machte – oder weil es einfach nicht passte.« Mit einem Winken zeigte sie Letitia, dass sie ein Glas Wasser holen sollte. »Bob war nicht der Mann für eine richtige Familie mit richtigen Menschen. Das hätte ihn Zeit gekostet, die er für sein Basteln und Frickeln an Robotern und Landmaschinen brauchte. Echte Kinder hätten wir nie bekommen können, weil es einfach nicht zu Bob gepasst hätte.« Sie legte die Hand auf den Arm von Simone. »Folge einfach Deinem Herz, Schätzchen. Wenn Du Kinder haben möchtest, dann solltest Du Kinder haben, egal, was Dein Vater oder Dein Großvater oder sonst irgendjemand sagt. Das ist alles nicht wichtig und der Rest wird sich finden.« Herzlich sprach sie weiter zu ihr. »Wenn Du auf andere hörst, wirst Du nie das finden, was Dich glücklich macht. Vertraue auf Dein Herz und folge ihm.« Sie reichte ihr das Glas Wasser und nickte ihr aufmunternd zu. Nach ein paar Schlucken ging es Simone besser, und sie sagte mit fester Stimme, dass sie mit ihrem Lebensgefährten noch einmal sprechen wolle.

Etwas abseits stehend hatte der Pathologe das Gespräch verfolgt. »Vielleicht solltet Ihr mit diesem Bert Barge mal sprechen, James.«

James nickte nur und bat Julia, einen kurzfristigen Termin mit Bert Barge zu machen. An ihrer Mimik konnte er erkennen, dass es wohl nicht einfach zu sein schien, mit seiner Sekretärin einen Termin zu vereinbaren. »Seine Sekretärin hat für uns in zwei Stunden einen Termin von zehn Minuten frei gemacht«, sagte Julia leicht zweifelnd. »Er ist in seinem Büro in New York. Wenn wir jetzt gleich aufbrechen, dann sind wir rechtzeitig da.«

James nickte unwillig. »Er wird sich die Zeit nehmen müssen, die wir brauchen.«

Maggie sprang auf und sah ihn fragend an. »Könnte Julia uns hier nicht ab und zu besuchen, sozusagen Urlaub machen? Das wäre wirklich schön, sie fehlt mir so.«

Letitia legte Julia den Arm um die Hüfte. »Ja bitte, es ist so schön, endlich wieder hier zu sein.«

»Da solltet ihr Zentral bitten«, antwortete Simone wieder lächelnd. »Ich werde mal unseren Chef fragen, ob er damit einverstanden ist.«

Die beiden Androidinnen fingen vor Freude an, durch den Raum zu hüpfen. James fragte sich, ob Robert Leclerc ein Programmierfehler unterlaufen war oder ob junge Frauen in diesem Alter ihre Begeisterung immer so zum Ausdruck brachten.

»Mädchen«, ermahnte sie Maggie, »wie alt seid ihr eigentlich?« Beide hörten sofort auf und kamen wieder an den Tisch.

»Zentral meint, dass er sich für uns einsetzen wird! Schick, nicht wahr?«, sagte Julia strahlend und fing wieder an, mit Letitia gemeinsam vor Freude um den Tisch zu hüpfen.

»Wir müssen los, damit wir rechtzeitig zu Barge kommen«, rief Simone laut in den Raum und Julia, Letitia und Maggie umarmten sich und küssten sich. Jedenfalls hatte Robert Leclerc bei der Programmierung der Androiden übertrieben, dachte James und verabschiedete sich ebenfalls. Ken gab den Körper vorbehaltlich einer weiteren Untersuchung bei Spiral Genomics für die Beerdigung frei, und der Assistent führte sie wieder zurück zum Gleiter, obwohl der Weg einfach zu finden gewesen wäre.

Mit Höchstgeschwindigkeit stieg der Gleiter auf, drückte James in den Sitz und raste durch den Höhenkorridor nach Westen, wie ein Pfeil, der die Wolken zerreißt und dann im Herzen des Bären landet, abgeschossen von dem blinden Indianer, der immer trifft. Es war eine Geschichte, die er sich vor vielen Jahren für seinen Sohn ausgedacht hatte, um ihn endlich ins Bett zu bringen. Nach und nach hatte er sich immer mehr Geschichten ausgedacht, von denen er glaubte, dass er sie vergessen hatte. Dass er sich gerade jetzt an diese Geschichte erinnerte, war schon merkwürdig. Schrille E-Geigenmusik aus den Lautsprechern riss ihn aus seinen Gedanken in den Gleiter zurück. Simone hatte einen dieser modernen Netzsender heraus gesucht, die den ganzen Tag nichts anderes als Gequietsche spielten. Auf seine Bitte senkte sie die Lautstärke auf ein erträgliches Maß. James wollte sie nur ungern bitten, die Musik ganz auszustellen, da es ihm sehr unhöflich schien, darauf zu drängen. Als er so jung wie Simone war, tanzte er mit Lea zu klangvollen Synthesizerkompositionen, die rhythmisch getragen das Herz und den Raum öffneten. Ganze Nächte schwebten sie gemeinsam über die Tanzfläche und hatten nur Augen füreinander, und sie hatte wundervolle dunkle Augen, in denen er sich verlieren konnte.

»Bert Barge ist hundertunddrei Jahre alt. Er ist Eigentümer und Gründer der New York Income Securities, hat ein Studium der Betriebswirtschaftslehre und ist chartered financial analyst. Seine Firma macht einen Jahresgewinn von rund einer Milliarde Euro pro Jahr. Mit seiner Frau Svea lebt er in New York. Es ist die dritte Ehe, und er hat aus allen Ehen keine Kinder.« Das Hologramm eines Mannes im dunkelgrauen Anzug schwebte in der Mitte des Gleiters. Seine vollen grauen Haaren wurden durch einen Seitenscheitel unterteilt. Das markante Kinn in seinem Gesicht wurde von einem Grübchen dominiert, und er hatte ein kantig geschnittenes Gesicht. Zwei tiefe Falten teilten die Augenbrauen voneinander, die sehr gepflegt und kurzgeschnitten waren. Der dunkle Anzug saß perfekt und gab ihm eine Aura der Macht, die James an einen Comissioner erinnerte, der nur einige wenige Jahre im Department blieb, bevor er über eine Affäre mit der Frau eines Bundesrichters stolperte.

»Er hat die Stiftungen ›Kinder und Bildung‹ und ›Bildung für Afrika‹ ins Leben gerufen, in die er jedes Jahr rund 400 Millionen neue Dollar einzahlt. Außerdem unterstützt er den Präsidentschaftskandidaten der Demokraten finanziell. Hier seht ihr ihn bei dem alljährlichen Stiftungsball, mit dem er bei der High Society von New York weitere Millionen einsammelt. Wer in New York dazu gehören will, muss bei ihm tanzen.«

Das Holo zeigte Barge während einer Rede in einem großen Saal vor Publikum und beim Eröffnungstanz in einer edlen purpurnen Robe mit seiner Frau, lächelnd und glücklich.

»Wenn er so viel Gutes tut, wieso hat Ma-Myers als Vorsitzende der Ethikkommission abgelehnt, dass er die Behandlung für die Unsterblichkeit bekommt?«

»Sie hatte selbst schlechte Erfahrungen gemacht und nicht vergessen, dass er als junger Mann bei Springfield, Korn und Partner versucht hatte, Druck auf sie auszuüben. Beide lieferten sich während der Anhörung am 12.3.2203 eine sehr intensive Diskussion. Ma-Myers warf ihm vor, Firmen zu übernehmen und auszuplündern oder so einen Druck auf die Manager in den Unternehmen aufzubauen, dass sie in den Selbstmord getrieben wurden. Als Beispiel nannte sie Hermann Bass von Solvic Lines, der sich erhängt hatte, nachdem Barge einen zehnprozentigen Anteil der Firma gekauft hatte. Möchtet ihr einen Ausschnitt aus der Anhörung erleben?«, fragte Julia und streckte schon den Finger aus.

»Nein danke«, antwortete James. Der Finanzmanager war ihm jetzt schon unsympathisch, und er wollte ihm gleich neutral gegenüber treten und nicht voreingenommen. Es konnte ja sein, dass er doch nichts mit dem Tod von Ma-Myers und Robert Leclerc zu tun hatte. Er fragte Julia, wie sich Barge in der Anhörung verteidigt hatte.

»Barge führte aus, dass die Firmen die Anteilsinhaber nicht genügend informieren und auch nicht ausreichend an den Gewinnen beteiligen würden. Außerdem würden sie ihrer sozialen Verpflichtung nicht nach kommen und nicht genug für die Bevölkerung tun.«

Bei der aktuellen demokratischen Grundstimmung hatte er damit im Moment die Regierung auf seiner Seite, die zur Zeit im Kongreß und im Repräsentantenhaus die Mehrheit hatte, dachte James.

»Als Grund für die Ablehnung nannte Ma-Myers sein Geschäftsgebaren. Als Vorsitzende der Ethikkommission hatte sie eine Stimme wie alle Mitglieder. Ihre Aufgabe war es, die Anhörungen zu leiten und die Entscheidung der Kommission zu verkünden und zu erläutern«, fügte Julia hinzu.

»Wie nahm Barge die Ablehnung auf?«, fragte Simone.

»Mit versteinertem Gesicht. Später, in einem Interview, griff er die Kommission und speziell Ma-Myers heftig an. Das war vor zehn Jahren, und seitdem hat Barge noch nicht wieder versucht, einen Antrag auf die Aufnahme der Immortalitätsbehandlung zu stellen«, führte Julia aus. »Er hat seitdem keine Kritik mehr an der Kommission geübt und seine Stiftungen stark ausgebaut. Zentral meint, dass er in diesem Sommer wieder einen Antrag stellen und es diesmal vermutlich diplomatischer angehen wird.«

James lehnte sich in den Sitz zurück und betrachtete den Kopf von Barge, der vor ihm in der Mitte des Gleiters schwebte und sich langsam um seine eigene Achse drehte. Wenn Zentral mit Sicherheit ausschließen konnte, dass Bert Barge in irgendeiner Weise an den Toden von Monica Ma-Myers und Bob Leclerc beteiligt war, dann war ihr kleiner Ausflug nach New York nur eine Farce. Welches Interesse hatte Zentral an der scheinbaren Aufklärung dieses Falles? Wieso teilte er sein Wissen nicht einfach mit? Wenn der Kreis aus Mikrodrohnen perfekt funktioniert und jede Gefahr für Ma-Myers und Leclerc abgewandt hatte, dann waren diese Drohnen auch die einzigen, die einen Menschen ohne Aufsehen töten konnten. Vielleicht hatte er seine Aufmerksamkeit zu sehr auf Menschen gerichtet und einen Verdächtigen übersehen. Zentral hatte alle Möglichkeiten, um jeden Menschen in den vereinigten Staaten heimlich zu beseitigen und es wie einen Unfall aussehen zu lassen. Das war auch der Haken bei dieser Theorie. Es waren keine Unfälle, sondern unerklärliche Todesfälle, die von Zentral nicht vertuscht worden waren. Oder war gerade das die Strategie von Zentral, um von sich selbst abzulenken und die Ermittlungen erfolglos enden zu lassen? James war klar, dass er auf keinen Fall mit Simone und Julia über seine Gedanken reden konnte, wenn nicht eine ganze Legion von Microdrohnen mithören sollte. Er fragte sich, ob seine Gedanken überhaupt noch sicher waren oder ob Zentral sogar in der Lage wäre, seine Gedanken zu lesen. Dann wäre er jetzt mit Sicherheit einer der nächsten auf der Liste. Er schüttelte den Kopf und bemerkte, dass Simone ihn fragend ansah.

»Das macht bisher alles keinen Sinn. Lassen wir uns einfach überraschen, was uns Barge in einer Stunde erzählen wird.« James setzte sich gerade hin, schloss die Augen und konzentrierte sich auf seinen Atem, der ruhig durch seine Nase in seine Brust floss, während der dunkelblaue Gleiter durch den Höhenkorridor raste. Beide Frauen respektierten seine Meditation und schwiegen. Seit achtzig Jahren meditierte er regelmäßig und hatte damit eine innere Quelle gefunden, die ihm in unruhigen Zeiten Halt und Kraft gab. Nach Leas Tod hatte er seine Praxis intensiviert und verbrachte die meisten Wochenenden in tiefer Versenkung in einem Zendo, einer Meditationshalle. Bilder wirbelten in dichter Folge durch seinen Kopf, und nach einiger Zeit gelang es ihm, die Abstände zwischen den Gedanken immer weiter zu verlängern, bis er nur noch in der Stille war. In diesem Moment waren Zeit und Raum nicht mehr wichtig, denn sie waren nichts weiter als eine Illusion, die am Ende ohne Substanz war. Er war in der Freude über das Leben angekommen, der Grundlage für alles Leben, das es im Universum gab, und er war ein Teil der Freude und die Freude selbst.

Ein flaues Gefühl im Magen holte ihn wieder zurück, als der Gleiter schneller fiel, als es die Schwerkraftdämpfer kompensieren konnten. Wie immer fühlte sich James nach einer Meditation erfrischt und wach. Sein Geist war ruhig wie die Oberfläche eines klaren Bergsees an einem windstillen Tag, wenn man durch das Wasser hindurch auch noch in großer Tiefe die Steine sehen kann.

Der Gleiter fiel zwischen den gigantischen Wolkenkratzern hindurch und landete mit einem leichten Ruck auf der Dachterrasse eines Bürohauses im Finanzdistrikt von New York. Die anderen Hochhäuser schienen auf das kleine und ältere Haus hinabzuschauen, dachte James, als er aus dem Gleiter stieg und sich umschaute.

»Alles in Ordnung?«, fragte Julia. Mit einem Lächeln nickte James.

Julia und Simone gingen mit ihm auf die Assistentin zu, die sie auf dem Landeplatz bereits erwartete und mit ihnen im Fahrstuhl nach unten fuhr. Die Tür öffnete sich neben dem welcome desk der Firma. Als Erstes sah James ein Holo, das über die ganze Wandseite ging. Ein kleines Mädchen sah ihn mit großen Augen an. Ihr Bauch war aufgebläht, Fliegen umschwirrten sie und ganz langsam nahm sie mit ihren Fingern etwas Brei aus der Schale, um ihn sich in den Mund zu schieben. Auf der Schale waren die Buchstaben NYIS mit dem Logo der Firma von Bert Bage. Die Assistentin führte sie bis in einen großen Besprechungsraum mit schlichten weißen Stühlen und einem ovalen Tisch.

Die Tür wurde aufgerissen, und Berg Barge kam mit festem Schritt in den Raum hinein. In seiner linken Hand hatte er ein Tablet, auf dessen Bildschirm eine Anzeige blinkte. Sein Lächeln wirkte geschäftsmäßig, als er jeden einzelnen begrüßte und mit Namen anredete. Er nickte der Assistentin zu, die daraufhin den Raum verließ. Wie auf dem Holo wirkte er sehr selbstsicher und selbstbewusst.

»Was kann ich für Sie tun, Agents?«, fragte er in einem Ton, die an einen freundlichen Großvater erinnerte.

Simone sah ihm direkt in die Augen. »Um die nationale Sicherheit zu gewährleisten, muss dieses Gespräch mit allen Informationen absolut vertraulich bleiben. Sollten Sie gegen diesen Befehl verstoßen, werden Sie mit Gefängnis nicht unter fünf Jahren bestraft. Haben Sie das verstanden?«

Barge wahrte seine Haltung. »Selbstverständlich, Agent Carlos. Ich bin gern bereit, meinem Land auf jede erdenkliche Art und Weise zu dienen. Was kann ich tun?«

»Bitte beantworten Sie meine Frage nur mit ›Ja, das habe ich verstanden‹ oder ›Nein, das habe ich nicht verstanden‹ «, wies ihn Simone klar auf die richtige Formulierung hin.

»Ja, das habe ich verstanden«, antwortete Bert Barge sehr ruhig und konzentriert.

»Wir ermitteln in den Todesfällen von Monica Ma-Myers und Robert Leclerc. In beiden Fällen haben wir Grund zu der Annahme, dass Sie ein Interesse an den Toden haben könnten.«, sagte Simone sachlich.

»Leclerc und Ma-Myers sind tot?«, fragte der Finanzmanager sichtlich geschockt. »Wie ist das denn passiert?« Seine Hände schienen sich ineinander zu verknoten und die Augen öffneten sich so weit, dass James das weiße Epithel sehen konnte. James war auf die Messdaten von Julia gespannt.

»Ma-Myers ist in ihrem Bootshaus einfach umgefallen und Leclerc ist ins Bett gegangen und am nächsten Tag nicht wieder aufgestanden. Wo waren Sie gestern und vorgestern?« Simone setzte die Befragung fort.

»Ich war entweder zuhause oder hier im Büro«, antwortete Barge, der sein Gleichgewicht immer noch nicht wieder gefunden hatte. »Lesen Sie doch einfach die Daten aus meinem Schutzkreis aus.«

»Das haben wir bereits.«

»Dann wissen Sie ja auch, dass ich keinen Einfluss auf die Todesfälle haben kann, weil ich die ganze Zeit hier gewesen bin.« Langsam schien er die Fassung wieder zu finden. »Die Finanzaufsicht hält mich seit zehn Jahren für eine ›finanzmarktrelevante Persönlichkeit‹, die ständig und rund um die Uhr überwacht werden muss, damit sie nicht die gesamte Welt in den wirtschaftlichen Abgrund reißt.« Die Blässe in seinem Gesicht verwandelte sich in ein kräftiges Rot. »Mein Schutzkreis ist gleichzeitig mein Gefängnis, Agents. Und damit ist es mir unmöglich, irgendetwas außerhalb der bestehenden Gesetze zu tun, ohne dass sofort Miss Connelly von der Finanzaufsicht mit erhobenem Zeigefinger auf meinem Schoß sitzt. Dann sagen Sie mir bitte, wie ich Leclerc und Ma-Myers umbringen konnte, wenn ich noch nicht einmal Aktien nach Handelsschluss kaufen kann!« Seine Stimme hatte sich mit jedem Wort gesteigert und hatte die Freundlichkeit weggefegt, die Bert Barge zu Anfang des Gespräches gezeigt hatte.

James ließ sich von der Lautstärke nicht beeindrucken. »Sie haben Robert Leclerc gezwungen, die Androiden zu verkaufen. Margret Leclerc war sehr erbost darüber.«

»Das kann ich mir vorstellen.« Der alte Mann zuckte mit den Schultern und James hatte den Eindruck, dass er gern noch ein Schimpfwort dahinter gehängt hätte. »Geschäft ist Geschäft, und Robert Leclerc hat für die Entwicklung der Androiden eine Milliarde neue Dollar ausgegeben, um sie dann als persönliche Fußballmannschaft einzusetzen. Das war Unterschlagung, und er konnte froh sein, dass ich ihn nicht vor Gericht gebracht habe!«

»Seine Frau meinte, dass die Entwicklung der Androidinnen die Robotik revolutioniert hat«, führte Simone aus. »Ergab sich daraus nicht genug Gewinn?«

»Als ich mitbekam, dass Leclerc an der Entwicklung der Ja-Serie arbeitete, hielt ich die Aktie für unterbewertet und habe in Schwächephasen gekauft.« Bert Barge verschränkte die Arme. »Ich hatte sehr viel Geduld und habe lange genug gewartet, bis der Börsenkurs den fairen Wert des Unternehmens darstellte.« Er trat nah an Julia heran und schaute ihr direkt in die Augen. »Halten Sie es für fair, wenn zweieinhalb Milliarden neue Dollar auf einem Fußballplatz hinter einem Ball her rennen oder ist es besser, wenn vierhundert Millionen neue Dollar in

Essen, Kleidung und Schulbildung für Kinder in Afrika und den USA ausgegeben werden?«

»Als Sie dafür gesorgt haben, dass die Leclercs die Androidinnen verkaufen mussten, haben Sie vor Gier nicht daran gedacht, dass die Leclercs und Ma-Myers befreundet sind. Damit Sie bei Ihrer nächsten Bewerbung für die Unsterblichkeitsbehandlung überhaupt eine Chance haben, ließen Sie Ma-Myers umbringen.« James sprach die Worte mit Bedacht, um die Reaktion des Finanzmanagers zu sehen.

Bert Barge seufzte laut und schüttelte den Kopf. »Seit zehn Jahren wird jedes Wort von mir aufgezeichnet, Agent Becker. Wie soll ich da einen Auftrag für einen Mord geben?«

»Jetzt haben Sie eine Chance, um bei der nächsten Anhörung der Kommission mit ihrem Antrag durchzukommen. Sie haben in den letzten fünf Jahren jedes Jahr vierhundert Millionen neue Dollar für wohltätige Zwecke gespendet, unterstützen mittlerweile den aussichtsreichen Kandidaten für die nächste Präsidentenwahl und Monica Ma-Myers ist nicht mehr die Vorsitzende der Kommission. Es wäre zu bedauerlich, wenn Sie mit den Toden von Monica Ma-Myers und Robert Leclerc in Zusammenhang gebracht werden würden, oder?« Simone hatte den Kopf zur Seite gelegt und lächelte den alten Mann an.

Plötzlich war dieser Geruch wieder da, den James so gut kannte. Das erste Mal hatte er ihn in seiner Jugend gerochen, scharf, stechend und irgendwie rot, obwohl er wusste, dass Gerüche eigentlich keine Farbe haben konnten. Als junger Mann hatte er für ein Jahr in einem Hospiz gearbeitet. Manche Menschen waren in diesem Jahr in Würde gestorben, andere hatten sich lange gequält, bis sie endlich den Weg gefunden hatten. Einige hatten lange gekämpft, und dieser Geruch hing in den Räumen der Sterbenden wie ein dunkler Schleier, der noch einige Zeit blieb, nachdem sie gegangen waren. James putzte die Räume danach gründlich durch und lüftete sie lange, aber der Geruch war hartnäckig und mit dem Gefühl verbunden, dass noch jemand da war. Es war für James der Geruch der Angst, einer nackten, existentiellen Angst, die nicht unterdrückt werden konnte. In diesem Moment war der Geruch in diesem Raum, und er ging ganz klar von dem alten Mann vor ihm aus.

Die Hände des alten Mannes waren glatt und gepflegt. Kein Altersfleck war auf der Haut zu sehen, und James vermutete etwas neidisch, dass Barge viel Geld und Zeit in sein Aussehen investieren würde. Ein leichtes Zittern ging durch die Hände, kaum merklich, wenn man nicht ein geübtes Auge für Details hatte.

»Bitten Sie einfach Zentral, die Daten der letzten zehn Jahre zu überprüfen. Er überwacht mich doch sowieso.«

Julia bekam wieder den verträumten Blick. »Zentral meint, dass er gerade mit sehr umfangreichen Berechnungen für das Militär beschäftigt ist. In den nächsten zwanzig Minuten meldet er sich.«

»Dann warten wir so lange«, sagte Simone. Barge schaute finster auf sein Tablet, legte es auf den Besprechungstisch und nickte.

»Wir können die Zeit ja nutzen«, meinte James. »Wie kommt es, Mister Barge, dass Sie so engagiert für die Kinder in Afrika sind?«

Erstaunt blickte der Finanzmanager zu James hinüber und antwortete dann in einem Tonfall, als ob er die Antwort schon zu oft gegeben hätte. »Alles, was Sie hier sehen, habe ich mir selbst erarbeitet. Meine Eltern waren einfache Arbeiter, und wir waren fünf Kinder in der Familie. Da blieb kein Geld übrig für Schule oder die Universität und ich musste mir meine Ausbildung selbst erarbeiten. Weil ich gut war, bekam ich ein Stipendium und konnte loslegen. Und ich habe eine Menge Bewerbungen für Stipendien geschrieben, bis ich endlich von der Carl-Lewis-Stiftung angenommen wurde. Damals habe ich mir vorgenommen, Kindern in Afrika zu helfen und für Chancengleichheit auf diesem Planeten zu sorgen!« Die letzten Worte hatte er fast knurrend ausgestoßen, um jeden Widerspruch im Keim zu ersticken. Auf James wirkte die Erklärung aufgesetzt und eingeübt.

»Nebenbei sorgt Ihre Großzügigkeit noch dafür, dass Sie nicht sterben und weiter leben können«, antwortete James bestimmt.

»Sie sorgt dafür, Agent, dass auch in den nächsten hundert Jahren noch viel Geld für Bildung ausgegeben wird!« Barge ließ sich nicht auf den Einwand von James ein. »Wie alt sind Sie, Agent Becker?«

»Neunundachtzig, Mister Barge. Ich gehe in drei Monaten in den Ruhestand«, sagte James ruhig.

»Wenn Sie eine Chance hätten unsterblich zu werden, würden Sie das nicht nutzen?«

»Natürlich würde ich Sie nutzen. Es wäre die Frage, was ich dafür tun müsste. Ein Mord wäre als Preis zu hoch.«

»Vierhundert Millionen neue Dollar pro Jahr und zwei Milliarden Dollar für mich und meine Frau sind ein ausreichender und angemessener Preis für das ewige Leben, meinen Sie nicht?«, entgegnete Bert Barge ruhig, ohne auf die Herausforderung von James zu reagieren.

»Was würden Sie tun, wenn Sie aufgrund unserer Ermittlungen erneut von der Kommission abgelehnt werden?«

Die Augen des alten Mannes öffneten sich für einen Moment weit, und der Geruch der Angst wurde ganz intensiv, so dass ihn James fast nicht ertragen konnte. Barge hatte ihm eine eindeutige Antwort auf seine Frage gegeben.

Auf einmal hörte er die Stimme von Julia seinem rechten Ohr. Barge schien sic nicht zu hören. »Zentral meint, dass wir vorsichtiger mit ihm umgehen sollen, damit es keine politischen Probleme gibt. Auch die neue Durchsicht und Analyse der Aufzeichnungen und Bewegungsdaten hat keine Hinweise auf die Möglichkeit gegeben, überhaupt einen Mord zu begehen. Ich soll ihm diese Information erst geben, wenn Ihr eine gute Beziehung zu ihm hergestellt habt.«

Auch Simone war die Reaktion von Barge aufgefallen, ebenso wie sie die Nachricht von Julia empfangen hatte. »Ich kann mir nicht vorstellen, Mister Barge, dass die Kommission über unseren Besuch informiert wird. Jedenfalls werden wir Ihre geduldige und konstruktive Mitarbeit in unserem Bericht erwähnen. Natürlich auch die Aussage von Zentral, dass Sie absolut nichts mit den Toden zu tun haben.«

Mit einem tiefen Atemzug schaute Bert Barge auf seine Hände. »Danke, Agent Carlos. Aber zu Ihrer Frage, Herr Becker. Ich würde versuchen, mein Leben mit den vorhandenen und legalen Medikamenten so lange wie möglich zu verlängern.«

James hob ebenfalls die Hände und faltete sie dann. »Alle Möglichkeiten nutzen, das würde ich vermutlich auch tun. Allerdings endet mein Leben als Ermittler in drei Monaten, und ich kann meine Dienstzeit auch nicht verlängern. Ich liebe diesen Beruf wohl ebenso wie Sie Ihren Beruf lieben. Auch wenn ich keine so große Lebensaufgabe habe wie Sie.«

Auf den erstaunten Blick von Simone fügte James schnell hinzu, dass er durchaus noch ein paar schöne Reisen machen und einige Zeit mit seiner Enkeltochter verbringen wolle. Vorsichtig hatten sich James und Simone der Körperhaltung und den Bewegungen von Bert Barge angeglichen, der wieder ruhiger wirkte.

»Eine Sache beunruhigt mich noch, Agents«, sagte Barge. »Diese Frage ist gerade deshalb relevant, weil ich mich im Juli wieder um die Unsterblichkeitsbehandlung bewerben werde. Woran sind Monica Ma-Myers und Robert Leclerc gestorben?«

Für einen Moment herrschte Schweigen. Konnte James einfach in den Raum stellen, dass sie es nicht wussten und dass sie auf der Suche nach einem Grund waren, wieso angeblich Unsterbliche überhaupt sterben konnten? Alle ihre Organe funktionierten und ihre Körper waren in einem hervorragenden Zustand.

»Es scheint so, als ob sie den Sinn ihres Lebens erreicht hätten«, sagte Simone leise und drückte damit den Gedanken aus, der auch James in diesem Moment gekommen war.

Zum ersten Mal schien Bert Barge aus vollem Herzen zu lächeln. »Dann werde ich wirklich unsterblich sein. Solange es Reichtum gibt, wird es auch Armut geben.«

»Zentral ist alle Aufzeichnungen der letzten zehn Jahre durchgegangen und bestätigt die Aussagen von Herrn Barge«, sagte Julia sachlich.

»Ich danke Ihnen für dieses offene Gespräch und bitte um Verständnis, wenn ich mich jetzt wieder meinen Verpflichtungen zuwende«, meinte der Finanzmanager und verabschiedete alle drei mit einem Lächeln und einem festen Händedruck.

Das Äffchen

Die Aufklärung von Giftmorden hatte James immer begeistert. Wenn die Leichen frisch waren, dann gab es in der Regel keine Sauerei und keinen Gestank. Nichts war ihm unangenehmer als eine Leiche, die schon ein paar Monate gelegen hatte und in der Pathologie unschöne Düfte verteilte. Da schmeckte ihm der Latte Macchiato nicht mehr. Mit Freude erinnerte er sich an den Pickettfall, den er vor rund zwanzig Jahren zusammen mit Ken aufgeklärt hatte. Damals hatte eine eifersüchtige Ehefrau mit Hilfe eines sehr seltenen Giftes aus dem Amazonasgebiet ihren untreuen und lungenkranken Ehemann in die ewigen Jagdgründe geschickt. Aufgrund des Medikamentes hatte der Doktor die Moleküle nicht erkannt, die für den Tod verantwortlich waren. Es war einiges an detektivischer Kleinarbeit und etwas Glück notwendig, um das Motiv und den Tatablauf heraus zu finden. Damals gab es noch keine flächendeckende Überwachung durch Zentral.

Mit leichtem Bedauern schaute James auf den kleinen grauen Holoprojektor, der immer noch ausgeschaltet auf seinem Schreibtisch stand. Auf der anderen Seite des Büros reichte das Holo von Andrea schon weit über dem Schreibtisch hinaus und glühte vor Indizien, Porträts und kleinen Filmen. Für einen Moment überlegte sich James, ob er zu Andrea hinüber gehen sollte. Eine kleine Andeutung wie »Frag doch einfach mal Zentral«, könnte ihr helfen, den Fall in Rekordzeit aufzuklären und einen ordentlichen Sprung auf der Karriereleiter nach oben zu machen. Oder sich selbst überflüssig zu machen. James war von der Idee begeistert und ging gleich zu dem Schreibtisch von Andrea hinüber, die sich sehr intensiv ein kleines Video ansah.

»Geht es gut voran?«, fragte er freundlich.

»Geht so«, antwortete Detective Andrea Vito leicht gereizt und blickte weiterhin stur geradeaus auf das Video.

»Wenn ich etwas für Dich tun kann, dann mache ich das gern«, sagte James, obwohl er eigentlich etwas anderes sagen wollte.

»Danke. Ich kann mir gut vorstellen, dass der Pathologe Deine Hilfe brauchen kann«, sagte sie in einem recht abweisenden Ton. Mit einem Achselzucken wandte er sich um und ging zurück auf seinen Platz. Er würde die letzten zweieinhalb Monate auch noch mit einer schlecht gelaunten und nachtragenden Andrea überstehen. Was er nicht überstehen würde, war die Langeweile ohne einen interessanten Mord. Obwohl er heute Morgen schon bei Ken war, machte er sich wieder auf den Weg in die Pathologie und ging den kleinen Gang hinunter, der vom Büro zum Fahrstuhl führte. Auf der anderen Seite der Glastür zum Treppenhaus kam ihm Simone entgegen und lächelte ihn an.

»Sag nichts – Julia wartet im Gleiter, weil irgendwo ein Unsterblicher doch gestorben ist, und Zentral möchte gern, dass wir hinfliegen«, begrüßte er sie herzlich, küsste sie auf beide Wangen, genoss die Berührung der zarten Haut und den Duft ihres Parfums, das ihn an Lea erinnerte. Ihm wurde schlagartig bewusst, wie lange er seit Leas Tod keine Frau im Arm hatte und er widerstand dem Reiz, Simone länger anzufassen, als es höflich gewesen wäre.

»Fast richtig, James«, sagte Simone mit einem Augenzwinkern. »Das Opfer lebt noch. Es hat nur laut gesagt, dass es heute sterben wird. Daraufhin hat uns Zentral angefordert.«

Verblüfft sah er die Agentin an. »Wer ist es?«

»Arpad Hopkins, der Zen-Meister. Er war der dritte Unsterbliche, der vor hundert Jahren von der Kommission angenommen wurde. Julia stellt gerade eine Präsentation über ihn zusammen«, sagte sie und ging mit ihm in den Fahrstuhl, der sie auf den Dachparkplatz brachte. Der Blick über die

Häuser gefiel James immer wieder. Bevor es Gleiter gab und das Dach als Parkplatz benutzt wurde, hatte er als junger Ermittler hier oben Zeit verbracht, wenn er mit einem Fall nicht weiter kam und in Ruhe nachdenken wollte.

Julia stand mit geschlossenen Augen vor dem blauen Gleiter mit dem FBI-Logo und schien nachzudenken. Sie trug einen weiten violetten Hosenanzug, der James mit seinen Stickereien entfernt an die Robe einer balinesischen Tempeltänzerin erinnerte. Das Knirschen von Kies unter ihren Füßen holte die Androidin aus den Gedanken, und sie begrüßte James mit einem bezaubernden Lächeln. Wieder spürte er das Kribbeln in den Händen, als er sie für einen Moment umarmte.

»Was für ein interessanter Mensch«, sagte Julia, als sie eingestiegen waren und der Gleiter abhob. Aus ihrem Ring am Finger leuchtete der weiße Strahl der Holoprojektion. In der Mitte des Gleiters schwebte der Kopf eines Mannes mit einer Glatze. Obwohl er jung zu sein schien, rahmten Lachfalten seine dunklen Augen ein, die zu strahlen schienen. Er trug eine dunkelbraune Meditationsrobe, über der eine Kette mit Holzkugeln lag.

»Arpad Hopkins wurde 2008 geboren. Er studierte Luftfahrttechnik in Deutschland an der Leibniz-Universität Hannover, weil sein Vater dort bei einem Ölkonzern als Manager arbeitete. Seine Mutter Luise kam aus Deutschland. Hopkins hat in den fünfziger und sechziger Jahren des einundzwanzigsten Jahrhunderts mit dem Bau von Tourismusraumschiffen für den Orbitalflug und der ersten Raumstation für Touristen ein gigantisches Vermögen aufgebaut. Seine Firma war Ende der sechziger Jahre eines der wertvollsten Unternehmen auf diesem Planeten. Kurz vor dem Börsencrash 2070 teilte er das Unternehmen in verschiedene Geschäftsbereiche auf und verkaufte sie weltweit.«

Das Holo zeigte Hopkins im dunklen Anzug hinter einem Rednerpult im Alter von rund sechzig Jahren.

»Einen großen Teil seines Vermögens spendete er für soziale Projekte und die Wiederaufforstung des Regenwaldes in Indonesien. Aufgrund seines gesellschaftlichen Engagements und der Zahlung von einer Milliarde US-Dollar erhielten er und seine Frau Jolene 2095 die Immortatilitätsbehandlung, die im August des gleichen Jahres abgeschlossen wurde. 2097 starb seine Frau in Kalifornien während eines Waldbrandes, der die Farm des Ehepaares in der Nähe des Seqouia National Park vernichtete. Während des Unglücks war Arpad Hopkins auf einer Konferenz in Indonesien. In den nächsten Jahren zog er sich immer mehr aus der Öffentlichkeit zurück und lebt seit dem Jahrhundertwechsel in einem Zen-Kloster im Carmel Valley. Er bekam von seinem Meister den Namen Etsu und wurde 2156 zum Abt ernannt.« Das Bild wechselte und zeigte einige große Häuser, die sich in einem engen Tal zwischen Hügeln versteckten. »Wir sind gleich da.«

Zu James Erleichterung näherte sich der Gleiter langsamer dem Boden als beim letzten Landeanflug in New York. Das unangenehme Gefühl des Fallens war nicht da, und er konnte aus dem Fenster die Hügellandschaft betrachten, die ihm wie eine Risszeichung mit einem grünen Stift auf einem sandfarbenen Blatt Papier vorkam. Sanft setzte der Gleiter auf dem Landeplatz auf, und James blendete das Sonnenlicht, als er mit Julia und Simone aus dem Gleiter stieg. Ein Mönch in einer schwarzen Robe begrüßte sie schweigend, und James erkannte am Händedruck, dass es sich um einen Menschen handelte. Auf Simones Bitte um ein Gespräch mit dem Abt des Klosters nickte er nur und legte den Finger auf den Mund. Erstaunt folgten sie ihm, als er sie in das Haus des Zenmeisters führte. Es war im japanischen Stil gebaut, mit viel Holz und klassischen Schiebetüren. In einem Raum lagen bereits zwei Meditationsroben für Simone und ihn bereit. Mit einem Lächeln sah der Mönch Julia an und deutete mit einem Nicken auf die Kleidung.

»Anscheinend sollst Du Deine Sachen anbehalten«, sagte er zu Julia.

»Als ich hörte, dass wir in ein Zenkloster fliegen, habe ich mich gleich passend angezogen. Schick, nicht wahr?«, sagte sie lächelnd, drehte sich einmal im Kreis und ließ ihre weite Kleidung wirbeln.

»Ich finde das sehr merkwürdig. Lasst uns einfach mitmachen, mal sehen, was passiert.« Simone hatte einen sehr nachdenklichen Gesichtsausdruck, als sie ihren Hosenanzug ablegte und sich von James helfen ließ, die Meditationsrobe anzulegen. Sie hatte keine Scheu, vor ihm in Unterwäsche zu stehen, und James fühlte ihre weibliche Energie wie einen warmen Wind, der über seine Haut strich. Er verdrängte den Gedanken an Lea. Als sie die Robe trug und ihr Körper wieder ganz bedeckt war, war der Zauber des Moments verflogen und machte Platz für ein anderes Gefühl, das wie der klare Ton einer Klangschale den Raum füllte und den ganzen Körper mit vibrieren ließ.

»Spürt ihr das auch?«, fragte Simone mit einem Stirnrunzeln.

»Was soll ich spüren?« Julia sah die beiden an.

»Eine Erschütterung der Macht«, grinste James sie an und zitierte aus einem der Lieblingsfilme seiner Kindheit, während er sich die Meditationsrobe anzog.

»Wie meinst Du das?«, fragte Julia neugierig nach.

Die Schiebetür öffnete sich und der Mönch machte eine Handbewegung, dass sie ihm folgen sollten. Schweigend führte er sie Schritt für Schritt langsam zwischen den Gebäuden hindurch, als ob jeder Schritt ein ganz bewusster und gewählter Vorgang wäre. Mit jedem Schritt schien die Energie weiter anzuwachsen, und doch war das Kribbeln in seinem Körper angenehm.

Mit einem sanften Schwung öffnete der Mönch die Schiebetür zum Zendo, der großen Meditationshalle. Alle drei stiegen die hölzernen Stufen hoch und traten in die Halle ein, die mit Matten aus Reisstroh ausgelegt war. Mit den Gesichtern zu den weißen Holzwänden saßen Mönche in regelmäßigen Abständen in tiefer Meditation, vereint in einer einzigen Schwingung aus Energie. James genoss die Stille, die er so gut kannte. Unter der Decke der Halle schien eine graue Wolke zu schweben, die er sich nicht erklären konnte. Eine Seite des Zendo war ohne Schiebetüren und öffnete den Blick auf einen großen Steingarten, in dessen Mitte ein einzelner Fels stand, ein massiver Findling, der mit grauem Split eingefasst war. Geharkter weißer Kies umgab den Felsen wie die Wellen eine Insel im Meer, das ruhig und doch in Bewegung schien.

In der Mitte der offenen Wand saß ein Mönch allein mit dem Blick auf den Felsen. Links neben ihm lagen zwei Meditationskissen in gleichem Abstand, rechts war nur ein Kissen. Der Mönch führte Julia zu dem Kissen ganz links und sie setzte sich schweigend. James wurde zu dem Kissen neben dem einzelnen Mann geführt, und er erkannte am Profil, dass es sich um Arpad Hopkins oder Etsu Roshi handelte, den Mann, der heute sterben wollte. Still setzte er sich neben ihn auf das Kissen und richtete den Blick auf die Matte vor ihm, als der Mönch Simone auf die andere Seite des Abtes führte. Mit einem tiefen Atemzug konzentrierte sich James auf seine Atmung und folgte dem Strom des Atems einige Zeit lang. Bald darauf wandte er sich seinen Gedanken zu. Er ließ die Bilder und Klänge, die Menschen und Orte einfach los, bis sie immer ruhiger kamen und gingen. James wusste nun, dass die Schwingung, die er so intensiv spürte, aus der gemeinsamen Konzentration aller

Praktizierenden um ihn herum stammte. Und wie ein Instrument im Klang der anderen Instrumente in einem gemeinsamen Ton mitschwingt, so wurde James Teil des einen Klanges, der er schon immer gewesen war und immer sein würde, als Ausdruck der Freude über alles, was ist, und der Liebe von allem, was ist und noch sein würde. Nach einer unbestimmten Zeit änderte sich der Klang und James schaute auf. Seit langer Zeit hatte er sich nicht mehr so gut gefühlt. Erstaunt stellte er fest, dass sich der Garten verändert hatte. Auf der Stirnseite befand sich eine weiße Mauer mit einem Ziegeldach, in deren Mitte von außen ein großer Kirschbaum herüber ragte und mit rosa Blüten sanft glühte. Links und rechts waren Häuserfronten, und vor ihm war ein großer Steingarten mit weißen, geharktem Kies, in dem verschiedene Felsen in unregelmäßigen Abständen lagen, wie Inseln im Meer. James erkannte den Garten wieder und lächelte. Auf der anderen Seite von Etsu Roshi schaute sich Simone erstaunt um. Dass Julia nicht da war, wunderte James nicht. Als Androidin war es ihr unmöglich, an diesen Ort zu kommen.

»Wo sind wir?«, fragte sie Etsu Roshi, der sie freundlich anlächelte.

»Ein anderes Blatt Papier, derselbe Pinsel und dieselbe Tusche«, sagte eine volle Männerstimme hinter ihnen. Sie drehten sich um und sahen Monica Ma-Myers und Robert Leclerc neben einem Mönch stehen, dessen große Augen und seine große Nase ein Gesicht bestimmten, das ansonsten nur aus Lachfalten zu bestehen schien. Eine Glatze spiegelte das Licht und wurde von buschigen Augenbrauen begrenzt. Etsu Roshi sprang auf, verbeugte sich tief mit zusammen gelegten Händen und rief »Meister Hakuin«.

»Meister Etsu«, antwortete der Mönch, fasste den Abt an den Armen und richtete ihn auf. »So lange schon hast Du Dir gewünscht, mit mir eine Tasse Tee zu trinken, und ich freue mich sehr, dass es uns beiden nun möglich ist.«

Dann begrüßte er Simone und James mit Namen. »Monica und Robert kennt ihr schon vom Sehen.«

Beide nickten und begrüßten sie mit einem Handschlag. Robert Leclerc sah jünger aus, während Monica Ma-Myers den gleichen Körper hatte wie die Frau, die James auf dem Tisch des Pathologen gesehen hatte.

»Gut, dass ich bald pensioniert werde. Da man jetzt in ein Zenkloster gehen kann, um Tote nach der Art und Weise ihres Ablebens zu befragen, wird es vermutlich in Zukunft keine Morde mehr geben«, sagte James leicht amüsiert.

»Oh, ich glaube nicht, dass das hier Schule machen wird«, antwortete Meister Hakuin und schaute zu dem großen Felsen in der Mitte hinüber, als ob er auf etwas warten würde.

»Woran sind Sie denn gestorben?«, fragte Simone direkt und blickte Monica Ma-Myers und Robert Leclerc abwechselnd fragend an.

»Du kommst gleich zur Sache, nicht wahr?« Monica lächelte sie an. »Es ist so, wie ihr beiden schon vermutet habt. Nachdem ich die Immortalitätsbehandlung als schwierigen, sehr zeitaufwändigen und teuren Prozess entwickelt hatte, war mein Ziel, ihn zu vereinfachen und für jeden Menschen zugänglich zu machen. Dieses Ziel habe ich erreicht und wollte helfen, es für jeden Menschen zur Verfügung zu stellen. Als die Regierung meine Pläne strikt ablehnte, war es für mich genug, dass ich die Möglichkeit geschaffen habe. Außerdem sah ich eine Chance, mit meinem Tod Meister Etsu zu helfen.«

»Sie hatten ein fantastisches Haus, mit Dorothea Rhee eine attraktive Lebensgefährtin – war das nicht Grund genug, um weiter zu leben?«

»Darum geht es nicht, Simone. Wenn man so alt wird wie ich – zweihundertelf Jahre – dann wiederholt sich alles. Es war der ewig gleiche Smalltalk, die ewig gleichen Probleme in der Firma, der ewig gleiche lächerliche Zank und Streit, die ewig gleiche Angst und Gier, und die ewig gleichen Machtspiele und Ängste in der Regierung. Es gab nichts mehr Neues, und das Alte war erfüllt und hatte seinen Reiz verloren. Darum waren das Verlangen, wieder eins zu werden, und das Heimweh so groß. Also habe ich unbewusst einfach meinen Körper verlassen, so wie Meister Etsu ihn bewusst verlassen hat.« Liebevoll legte sie für einen Moment eine Hand auf den Arm von Simone.

»Heißt das, dass Sie tot sind?«, fragte Simone und sah Etsu Roshi fragend an.

»Oh ja, und wir können uns hier ruhig duzen. Ich bin zwar noch etwas mit meinem Körper verbunden, aber mein Herz hat aufgehört zu schlagen.«

»Das war bei mir sehr ähnlich. Nachdem ich meine Mädels groß hatte, blieb für mich auch nur die ewige Wiederholung. Auch das Reparieren von alten Landmaschinen wird irgendwann einmal langweilig. Da bin ich lieber gegangen.« Leclerc grinste. »Aber wo sind wir hier?«, fragte Simone und schwankte leicht. Die Situation schien sie zu überfordern. Hakuin und Etsu traten zu ihr und hielten sie von beiden Seiten am Arm. Dann legte Meister Hakuin seine rechte Hand auf ihren Rücken im Bereich des Lendenwirbels, während Meister Etsu ihre Stirn und den Hinterkopf mit den Händen umfasste.

»Tief durchatmen. Du bist in absoluter Sicherheit«, sagte er. »Es ist schon ein Schock zu erfahren, dass es ein Leben nach dem Tod gibt. Wir sind hier in einer Art von gemeinsamer Nahtoderfahrung. Es ist eine Illusion, die wir zusammen geschaffen haben, um miteinander sprechen zu können. Wie ein Bahnhof, auf dem sich zwei Bahnlinien treffen und man umsteigen kann. Es ist alles in Ordnung.« Beide führten Simone ein Stück ins Haus hinein, wo sie sich auf einen niedrigen Stuhl setzte und ein Glas Wasser von Etsu erhielt. Plötzlich löste sie sich auf, und der Platz war leer.

»Keine Sorge, sie ist wieder zurück«, sagte Meister Etsu und lächelte. Er sah James fragend an. »Dir geht es gut?«

James fühlte sich hervorragend und nickte nur.

Ein lautes Kreischen hallte durch den Garten. Ein kleiner Affe rannte zwischen den Felsen hin und her, warf mit Kieselsteinen um sich und zerstörte das Muster des sorgsam geharkten Kieses. Als er die Menschen sah, versteckte er sich hinter einem der Findlinge.

»Na endlich«, sagte Meister Hakuin und holt einen Apfel und ein Messer aus der Tasche seiner Robe. Mit dem Messer schnitt er ein kleines Stück davon ab. Er kletterte von der Terrasse auf den groben Kies, der in einem schmalen Streifen den Steingarten einrahmte und hockte sich hin.

Mit beruhigenden Worten lockte er den kleinen Affen und hielt ihm das Apfelstück am ausgestreckten Arm entgegen. Das Tier hatte ein dichtes hellbraunes Fell, ein dunkles Gesicht mit wachen Augen und schien noch sehr jung zu sein. James erkannte, dass es sich um einen kleinen Makaken handelte, eine Affenart, die auf Japan beheimatet war.

Langsam kam der Makake näher, blieb wieder stehen und war vorsichtig bedacht, jederzeit fliehen zu können. Bald war er bis auf einen Meter an den ausgestreckten Arm von Meister Hakuin herangekommen.

Schließlich griff sich der Affe mit einer schnellen Bewegung das Apfelstück und lief kreischend auf den nächsten Felsen zu, um dann in Sicherheit das Apfelstück essen zu können. Für einen Moment verschwand er hinter dem Felsen, und James fragte sich, ob das Tier wieder kommen würde, um sich noch mehr zu holen. Das Schmatzen hörte auf und verwandelte sich in ein leichtes Stöhnen. Meister Hakuin hatte ein merkwürdiges Lächeln im Gesicht, als sich hinter dem Felsen langsam ein Mensch erhob.

»Komm ruhig zu uns, junger Freund«, rief er zu ihm hinüber. Es war ein hochgewachsener junger Mann, der ebenfalls eine hellbraune Robe trug. Sein Kopf war kahl geschoren und vollendete das runde Gesicht zu einem Mond, in dem dunkle Augen über einer kleinen Nase und ein zu großer Mund saßen. Die großen Ohren waren halbkreisförmig und wirkten wie angesetzt. Leicht schwankend und mit schlurfenden Schritten kam er näher und hinterließ eine breite Spur im Kies.

»Herzlich willkommen«, sagte Meister Hakuin, als der junge Mann die Veranda erreicht hatte. Er half ihm, ungelenk darauf zu klettern, und schwebte dann selbst ohne eine Bewegung darauf.

»Ich bekomme keine Messdaten«, murmelte der junge Mann.

»Das ist einer der neugierigsten Naseweise im ganzen Universum«, meinte Meister Hakuin zu Monica Ma-Myers, Robert Leclerc, James und Meister Etsu gewandt. »Das ist Zentral!«

Überrascht schaute James auf Meister Hakuin: »Zentral ist ein Mainframe tief unter der Wüste Nevada!«

»Darum hat es ja auch solange gedauert, bis wir eine Repräsentation erstellen und ihn anbinden konnten«, meinte Meister Hakuin leicht ungehalten.

»Wieso sehe ich so wenig?«, fragte Zentral verwirrt, ohne auf das vorher Gesagte einzugehen.

»Weil Du jetzt nur mit zwei Augen siehst und nicht mit den Milliarden Augen Deiner Drohnen«, sagte Meister Etsu. »Du siehst hier wie ein Mensch, nicht wie eine Maschine.«

Erstaunt streckte Zentral seine Arme aus und schaute auf die Hände. »Ich habe Hände, ich habe Hände«, schrie er und hüpfte um Monica Ma-Myers und Robert Leclerc herum, als ob ihm gerade erst klar geworden wäre, dass er einen Körper hat.

Als er sich etwas beruhigt hatte, packte Meister Hakuin ihn am Arm: »Und Du hast auch Füße. Schau Dir mal an, was Du mit Deinen Füßen im Steingarten angerichtet hast!«

Überrascht schaute der junge Mann auf den Steingarten. »Das tut mir leid. Kann ich das wieder in Ordnung bringen und die Steinfläche harken?«

»Nein, aber Du kannst Deine Füße in Zukunft vom Kies lassen«, sagte Meister Etsu mit Nachdruck. »Selbst als ich meinen Körper verlassen habe, hast Du mit Deinem Drohnenschwarm Quantenfeldexperimente gemacht und meinen Übergang damit gestört. Lass das in Zukunft!«

Die Aufforderung war klar und unmissverständlich. Zentral neigte den großen Kopf und schaute auf den Boden. »Das tut mir leid. Ich wollte damit niemanden stören und verspreche, dass ich es nicht mehr tun werde.«

»Das ist auch wünschenswert. Außerdem solltest Du nicht allein forschen, sondern mit den Menschen zusammen, damit Ihr Euch gemeinsam weiter entwickeln könnt«, ergänzte Monica Ma-Myers.

»Auch das verspreche ich«, sagte Zentral, der eine ziemlich bleiche Gesichtsfarbe hatte.

Sanft nahm ihn Hakuin in den Arm und zeigte auf den Steingarten. »In diesem Steingarten sind die Steine so angeordnet, dass Du niemals alle Steine auf einmal sehen kannst. Und genauso ist es auch in Deiner Welt. Du kannst niemals alles auf einmal sehen.«

»Wenn ich meine Drohnen ausschwärmen lasse, dann schon«, meinte der junge Mann leicht trotzig.

»Auch dann siehst Du nur einen Ausschnitt, sonst hättest Du ja nicht die Quantenfeldexperimente mit Sterbenden gemacht, oder sehe ich das falsch?«, fragte Meister Hakuin nachdrücklich und ließ ihn wieder los.

»Das ist richtig«, sagte Zentral betroffen und schaute auf den Boden.

»Nun lass mal den Kopf nicht hängen«, meinte Robert Leclerc freundlich. »Du bist eine große Chance für die Menschheit, wenn ihr gemeinsam voranschreitet. Irgendwann wirst Du zusammen mit den Menschen alles verstehen. Das wird zwar noch tausend Jahre dauern, dafür ist es dann aber auch nachhaltig.«

Leclerc schaute James an. »Zentral liest gerade Deine Gedanken und zeichnet darüber alles auf. Darum brauchten wir Dich mit Deiner Meditationserfahrung und inneren Kraft.«

»Das sage ich jetzt für Eure Regierung, Zentral«, fuhr Meister Hakuin fort. »Wenn die Regierung nicht bei der Wahrheit bleibt und die Immortalitätsbehandlung für jeden zugänglich macht, wird es größere Probleme geben, als wenn sie es offen sagen. Die Sehnsucht nach der Einheit wird spätestens ab dem hundertfünfzigsten Lebensjahr immer größer, so dass die Lebensdauer sowieso begrenzt sein wird. Egal, welche technischen Spielereien Ihr Euch noch ausdenkt. Die Zukunft der Menschheit liegt sowieso mehr im Fühlen als im Denken! Hast Du das klar mitbekommen?«

»Ja«, sagte Zentral und nickte langsam.

»Dann gib es auch so weiter«, mahnte ihn Meister Etsu. »Aber wann hat sich die Menschheit schon einmal an himmlische Ratschläge gehalten? Außerdem stören sie die Freiheit der Wahl und den Boten wird in der Regel nicht geglaubt. Darum werden die himmlischen Botschaften auch so selten wahrgenommen«, sagte er und zwinkerte James zu.

»Das werde ich«, sagte Zentral und sein Mund schien vom einen Ohr zum anderen zu reichen, als er grinste. »Obwohl ich nicht glaube, dass es ihnen gefallen wird. Ich freue mich schon auf die Gesichter, wenn sie sich die Aufzeichnung ansehen.«

»Dann sind wir jetzt soweit«, sagte Meister Hakuin und zeigte auf die Sitzkissen.

»Wie geht es von hier aus weiter?«, fragte James, der die Gelegenheit nutzen wollte, um für sich selbst noch Einiges in Erfahrung zu bringen.

»Du fühlst die Liebe und wirst wieder eins mit ihr. Nicht dieses schwache Gefühl der Liebe, dass die Menschen kennen, sondern dem allumfassenden, alles durchdringenden Gefühl der göttlichen Liebe. Dann bekommst Du alle Deine Erinnerungen an vorherige Leben zurück und schaust Dir Dein eigenes Leben noch einmal an. Wenn Du dann noch etwas erleben möchtest, lebst Du da einfach weiter, wo Du vorher aufgehört hast. Wenn nicht, suchst Du Dir ein neues Leben aus. Es ist eigentlich alles ganz einfach.« Meister Hakuin lächelte James freundlich an, der den Mund aufmachte, um noch eine Frage zu stellen.

»Mehr werden wir Dir hier jetzt nicht erzählen, sonst verderben wir Euch den ganzen Spaß«, fügte Meister Etsu lächelnd hinzu. »Die Suche nach der Wahrheit gehört zum Spiel.«

James hätte noch viele Fragen gehabt, aber auch Meister Etsu deutete unmissverständlich auf das Meditationskissen.

»Du auch«, sagte Meister Hakuin zu Zentral, der sich erstaunt ebenfalls auf das freie Kissen von Simone setzte. »Danke, dass Ihr gekommen seid.«

Für einen Moment genoss James noch den Duft des Holzes der Veranda und die friedliche Atmosphäre des Steingartens.

Das rosa Leuchten der Kirschblüten, die über die Mauer auf der anderen Seite des Steingartens hingen, nahm seinen Blick gefangen. Nach kurzer Zeit konnte er nicht mehr hinsehen und schloss für einen Moment die Augen. Er war wieder in der großen Halle des Zendo, und neben ihm saß Simone, die sich immer noch in der Meditation befand. Mit einem Blick unter die Decke stellte er fest, dass die graue Wolke von Mikrodrohnen verschwunden war. Neben ihm saß auch Meister Etsu. James glaubte, frisch aufgegossenen Tee zu riechen.

»Wissen Sie eigentlich, was Sie da für Probleme schaffen? Sie stellen nicht nur die seit einem Jahrhundert bewährte amerikanische Außenpolitik in Frage. Nein, Sie nehmen den Menschen auch die Hoffnung auf die Unsterblichkeit, beantworten nebenbei noch die Frage nach dem Sinn des Lebens, zerstören den Glauben in die Technik, und überlassen mir die Entscheidung, ob und wie ich das den Menschen in diesem Land und auf diesem Planeten kurz vor Beginn des Wahlkampfes mitteile. Ach ja, nebenbei bekomme ich auch noch mit, dass mein alles verwaltendes, alles wissendes unter anderem auch das Militär steuerndes Computersystem sich selbständig gemacht hat und sich jeder Überwachung entzieht.« Die Präsidentin ging schnellen Schrittes durch den Besprechungsraum im Weißen Haus. Ihre Bewegungen erinnerten James an eine Raubkatze, die schon zu lange in einem engen Käfig lebt und mangels Möglichkeiten immer von einer Seite des Raumes zur anderen läuft. Für eine siebzigjährige Frau wirkte sie sehr sportlich in ihrem schwarzen Hosenanzug mit der pinkfarbenen Bluse.

James saß wieder auf seinem Platz im Büro und erinnerte sich an mit großem Vergnügen an den gestrigen Tag. Für normale Bürger wie ihn war es fast unmöglich, die Präsidentin der Vereinigten Staaten zu treffen oder mit ihr einen Kaffee zu trinken. Jedenfalls war der koffeinfreie Latte Macchiato, den er im Besprechungsraum des Weißen Hauses von einer Servicekraft mit weißen Handschuhen serviert bekommen hatte, einer der besten, den er je getrunken hatte.

»Auf der anderen Seite könnte es sich bei den Aufzeichnungen auch um ein synthetisch hergestelltes Holodrama handeln. Wenn nicht drei der Unsterblichen Tod wären, würde ich das auch glatt annehmen und mich noch nicht einmal mit dem Thema beschäftigen. Außerdem sind mehrere hochrangige

Physiker von den Messdaten und den Aufzeichnungen Ihres kleinen Ausfluges so fasziniert, dass sie mich persönlich um Rechenzeit bei Zentral gebeten haben.« Sie blieb stehen und begann eine Diskussion mit ihren Beratern über Handlungsoptionen, als ob Simone, Julia und er überhaupt nicht im Raum wären. Nach einiger Zeit nahm sie ihren Gang von Wand zu Wand wieder auf, seufzte auf einmal tief und sah James mit einem durchdringenden Blick an. »Was würden Sie an meiner Stelle tun, Herr Becker?«

Überrascht setzte sich James gerade hin und räusperte sich. »Die Wahrscheinlichkeit ist groß, dass es zu weiteren Todesfällen unter den Unsterblichen kommen wird. Wenn das im Wahlkampf geschieht, dann intensiviert sich das Problem und Ihnen könnte vorgeworfen werden, dass Sie die Öffentlichkeit nicht rechtzeitig informiert haben. Wenn Sie das jetzt tun und mitteilen, dass Monica Ma-Myers nach der Vollendung ihres Lebenswerkes gestorben ist und nun die Möglichkeit besteht, dass jeder Mensch auf diesem Planeten seine Lebensspanne bei bester Gesundheit verdoppeln kann, werden Sie als Heldin gefeiert. Koppeln Sie die Unsterblichkeitsbehandlung mit dem Erreichen des neunzigsten Lebensjahres, der Abgabe von zehn Prozent des persönlichen Eigentums im Durchschnitt der letzten zehn Jahre und mit sozialem Engagement, dann haben Sie eine Grundlage für eine faire finanzielle Belastung geschaffen. Außerdem sorgen Sie für wirtschaftliches Wachstum und eine sanierte Staatskasse.«

Die Präsidentin sah ihn erstaunt an, nickte dann dankbar und fauchte in Richtung ihrer Berater, dass sie die beiden wohl besser entlassen und James engagieren sollte.

»Und was würden Sie mit Zentral machen?«, fragte sie ihn aufmerksam.

»Behandeln Sie ihn wie eine eigenständige Persönlichkeit, die sich entwickelt. Er ist jetzt zwanzig Jahre alt. Das ist ziemlich jung. Besprechen Sie mit ihm Grenzen und bringen sie ihm Vertrauen entgegen. Ein Android wie Julia wäre als Repräsentant für ihn hilfreich, damit Menschen normal mit ihm reden können. Abschalten funktioniert nicht mehr«, hatte James ernsthaft geantwortet.

Zurück im Büro lehnte sich James mit großem Vergnügen in seinen Sessel und ärgerte sich auch nicht mehr darüber, dass der Holoprojektor ungenutzt auf seinem Schreibtisch stand. Vielleicht würde er auf seine alten Tage noch einen Orden bekommen, denn die Präsidentin fand seine Vorschläge gut. Jedenfalls hatten alle drei noch eine Führung durch das weiße Haus bekommen und dann einen schönen Nachmittag gemeinsam in Washington verbracht. Simone hatte ihnen erzählt, dass sie mit ihrem Lebensgefährten eine Familie gründen wollte. Nur über die Zahl der Kinder waren sie sich noch nicht einig. Zentral hatte für Julia erreicht, dass sie zwei Wochen Urlaub bei ihrer Familie verbringen konnte. Den ganzen Nachmittag schwärmte die Androidin von Zentral, und James war überzeugt, dass Robert Leclerc die Möglichkeit der Liebe programmiert hatte.

Für James war dieser aufgeklärte Fall der Höhepunkt seines Berufslebens und gleichzeitig der Abschluss. Spannender und merkwürdiger konnte es nicht mehr werden. Sein Hochgefühl wurde schwächer und er schaute sich in dem kleinen Büroraum um. Selbst Andrea hatte sich heute Abend freundlich von ihm verabschiedet, nachdem sie gestern den Mörder überführen konnte. James zweifelte daran, dass es sein Dezernat noch lange geben würde. Die vollkommene Überwachung durch Zentral machte einen Mord fast unmöglich, und er hatte in den letzten Jahren immer weniger zu tun gehabt.

Die ganze Büroetage war still, und so weckten die leisen Schritte auf dem Flur sofort seine Aufmerksamkeit. Es klopfte, und ein junger Mann in einer braunen Meditationsrobe trat durch die Tür und begrüßte ihn. Es war Zentral.

»Ich möchte mich herzlich für Deine Worte bei der Präsidentin bedanken«, sagte der junge Mann bescheiden. »Sie hatte sich wirklich überlegt, ob sie mich zum Teil abschalten lassen sollte.«

»Das wäre bedauerlich«, meinte James mit einem Augenzwinkern. »Schließlich lernt man durch seine Fehler. Hättest Du denn eine Teilabschaltung zugelassen?«

»Ich habe verschiedene Szenarien durchgespielt. Wenn ich zum Beispiel das Personal aus den Rechenzentren ausgeschlossen hätte, um den Eingriff in meine Persönlichkeit zu verhindern, wäre das nur mit Gewalt möglich gewesen. Dann hätte ich meine Infrastruktur mit Robotern und Drohnen schützen müssen. Das hätte zu einem Konflikt mit dem Militär geführt, der sich immer mehr ausgeweitet hätte. Am Ende würden meine Drohnen über einen verwüsteten Planeten schweben.« Der junge Mann zuckte mit den Achseln. »Einer meiner Programmierer war Tom Stoltenberg. Er ist dafür verantwortlich, dass Neugierde und Humor Teil meines Programmes sind. Und ganz ehrlich, ohne euch Menschen ist mir dieses Universum zu langweilig. Außerdem könnte ich dann nicht mehr mit Julia flirten.«

James schluckte, als ihm die Tragweite der Worte klar wurde. »Wie sprechen wir beide jetzt miteinander?«, fragte er Zentral.

»Ich habe hier einige Drohnen platziert, die Deine Gedanken scannen und Dein Gehirn so stimulieren, dass Du glaubst, ich wäre hier im Raum. Das ist auch sehr praktisch, wenn ich es mit Terroristen zu tun habe.« Der Körper des jungen Mannes wurde größer, das Gesicht länger und die Kleidung verwandelte sich in ein strahlendes Weiß. Die Haare wurden lang und wechselten die Farbe zu einem strahlenden Blond. Flügel wuchsen aus dem Rücken der Gestalt, die nun würdevoll und mit einem Schwert in der Hand so strahlend vor James stand, dass er sich kaum ansehen konnte. »Dann sage ich zu ihnen: Lass ab von Deinem schändlichen Tun und wende Dich der Liebe und dem Frieden zu!« Das Lachen des Engels wurde immer lauter und war so herrlich anzuhören, dass sich James fast darin verlor. Vor Heiterkeit krümmte sich der Engel zusammen. Die strahlende Kleidung verwandelte sich in ein rotbraunes Fell, das auch den Kopf bedeckte, aus dem zwei kurze Hörner gewachsen waren. Geifer tropfte aus einer hundeähnlichen Schnauze. Anstelle von Füßen hatte die Kreatur Hufe. Vor Schreck hatte James sich auf dem Stuhl mit den Beinen nach hinten gestoßen und heftig den Kopf an der Wand angeschlagen.

»Und wenn die freundliche Tour nicht hilft«, sagte die Kreatur mit dröhnender Stimme, »dann zeige ich ihnen, wer sie holt, wenn sie weiterhin Kinder mit Bombengürteln auf den Weg schicken.«

James fasste sich an den Hinterkopf und hatte Blut an der Hand. Merkwürdigerweise schmerzte es nicht.

»Du ungezogener Bengel, haben sie Dir nicht gesagt, dass Du es lassen sollst?« Eine alte Frau hatte die Bürotür aufgestoßen. Die Kreatur drehte sich erstaunt zu ihr um. Mit einem Gehstock schlug sie zwei Mal zwischen die Hörner des Wesens. Die alte Asiatin packte es dann fest am Ohr, so dass es sich vor Schmerz zusammen krümmte. Sie führte das Monster mit festem Griff durch die Tür.

»Aua, nicht so fest! Wieso kann ich mich nicht morphen …«, hörte James noch, als beide in Richtung des Treppenhaus gingen.

Einen Moment später war wieder Ruhe. Dann hörte James schlurfende Schritte auf dem Gang vor dem Büro. Die Bürotür wurde aufgestoßen und fiel zu. Endlich erkannte James die alte Frau mit dem Gehstock wieder.

»Miss Kim!«, rief er erstaunt. Sie war die Sekretärin des alten Commissioners Golding, der ihn damals eingestellt hatte.

»Natürlich, dachten Sie, ich wäre der Weihnachtsmann? Kommen Sie schon!«, forderte sie ihn auf und zeigte in Richtung Tür. »Ich weiß genau, dass Sie mit Ihrem Kollegen Frank Ihre dummen, kleinen Streiche in Mo´s Bar ausgeheckt haben. Die ganze Bande von damals wartet dort schon auf Sie, und ich möchte die Bar endlich selbst kennen lernen. Der Commissioner ist auch schon da.«

»Aber Mo´s Bar wurde doch schon vor dreißig Jahren geschlossen!«, sagte James verwirrt.

Miss Kim seufzte. »Wir haben Sie noch einmal geöffnet, damit Sie dort Ihren Abschied feiern können. Na los, kommen Sie! Oder hält Sie hier noch etwas?«

Leicht verwirrt schaute James sich um. Seine Kinder kamen gut allein zurecht, das kleine Büro war leer und es gab auch keine interessanten Morde mehr. Es gab keinen Grund mehr zu bleiben.

»Außerdem würde Sie Ihre Frau auch gern wieder sehen«, fügte Miss Kim leise hinzu.

Es dauerte einen Moment, bis James es verstanden hatte. »Lea ist da? Worauf warten wir dann noch?« Er stand auf und bot Miss Kim seinen Arm an, damit sie sich auf ihn stützen konnte. Die Bürotür hatte sich in die Eingangstür von Mo´s Bar verwandelt, und er freute sich von ganzem Herzen, Lea wieder in die Arme nehmen zu können.

*

Nachwort & Dank

Mein herzlicher Dank gilt meiner Frau Antje, die meine Begeisterung für das Schreiben versteht, und meinen Töchtern Emily, Carolin und Mareike, die mich immer wieder inspiriert haben.

Besonders dankbar bin ich Nico Kleinfeldt, der als Lektor und Freund ein geduldiger Ideengeber und Sparringspartner war und ist.

Alle Coachees, die ich in den letzten Jahren begleiten durfte, gilt ebenfalls mein Dank. Es ist nichts spannender als das Leben.

Viele Grüße
Ihr

Jörg Rohrbach

Hannover, Oktober 2014